COLUMNAS PUBLICADAS

Artículos sobre
Seguridad Operacional
Tomo 1

I0505828

MSc. Carlos Romano Flores Molina, MEE.
Director Ejecutivo
Cambio Cultural Consultores

Managua, Nicaragua

COLUMNAS PUBLICADAS
Artículos sobre
Seguridad Operacional
Tomo 1

Copyright © 2020 por Carlos Romano Flores Molina

Cambio Cultural Consultores
Editorial Cambio Cultural
Managua, Nicaragua
América Central
Tel. (505) 2279-7076 | 2279-9783 | 8561-2987
direccion@cambiocultural.net | cambiocultural.blog

A mi esposa Evess Yasmín Ruiz García, mi leona imprescindible.

PRÓLOGO

Esta colección de artículos elaborados a lo largo de 2012 y 2014, y que fueron publicados semanalmente en los periódicos *El Nuevo Diario* y en *La Prensa*, marcaron el inicio de mi carrera independiente como consultor y capacitador empresarial en las áreas temáticas de mi predilección –en ese momento- de Seguridad Operacional, Higiene Industrial y Gestión Ambiental. Estas son las 100 primeras columnas para este también primer tomo.

Aunque pueda sonar a desdén, en realidad, la publicación de este material, ahora como un libro, obedece no tanto al interés que sea leído por público alguno o del que pueda acaso obtener beneficio económico; no, es simplemente impensable suponer que alguien –en estos tiempos de imágenes, videos, realidad virtual e inteligencia artificial-, pueda percibir utilidad económica alguna de la publicación de un anacronismo, como hoy es considerado un libro -y peor aún-, con una temática que para esa infinitamente pequeña minoría ilustrada, puede ser calificada como de un legítimo aburrimiento, un somnífero, un sedante, en lo que corresponde al tema de la prevención de accidentes.

Mi interés único con esta publicación obedece a una vieja manía mía, la cual se me ha exacerbado con la edad; que es garrapatear, anotar, escribir, sistematizar y darle un formato didáctico y de referencia –para mí mismo, entera y egoístamente-, a los pensamientos que en algún momento he producido y discurrido, y que de alguna forma, son las posturas en las que creo y defiendo sobre los tópicos abordados, no importando ni su percepción de trivialidad, mucho menos la de su complejidad, si es que en estos pensamientos hay alguna de ellas.

He tratado de rescatar con estas columnas no solamente el material original que fue publicado, sino que, en retrospectiva, he verificado su sentido pragmático, lo que ha implicado también revisar críticamente su redacción, encontrándome que siempre hay lugar para la mejora continua, para afinar la precisión, su entendimiento, su claridad, pero, sobre todo -acaso pecando de reiterativo-, confirmando su validación escrupulosa con la realidad de la práctica profesional.

Este es ya mi cuarto libro publicado, el primero en un formato y contexto de colección o compilación de mis primeros artículos en los diarios. Cito esto porque, aunque parezca aventurado, vale la pena recordar que escribir –sobre cualquier tema- es un oficio en el cual uno nunca se gradúa o llega a adquirir un título que lo habilite como tal.

Uno nunca deja de ser un mero practicante en el infinito mundo de construir e hilvanar ideas, plasmarlas, transmitirlas –y con mucha suerte-, que acaso otros las consideren meritorias para ser publicadas en medios de comunicación. Ruego a la persona que acaso tenga la cortesía de leer estas notas –confieso que no me apena correr el riesgo de que yo sea la única-, que las considere únicamente una interpretación personal, un testimonial de lo que ha sido mi experiencia y recorrido por este campo profesional.

No pretendo –ni me interesa en lo mínimo- presumir de poseer la verdad sobre los campos abordados. Tampoco persigo que se me etiquete como "experto" o como "autoridad" en los tópicos aludidos.

En lo que sí estoy interesado es en quede constancia de que sí estudié, discurrí, debatí, pensé; que me ocupé de mi oficio en una manera seria y responsable, y no como un diletante o un *amateur*.

Y en esto cito con gratitud infinita a mis mentores - principalmente a Lucio Anneo Séneca-, eminente amigo cercano de tantas horas perdidas; así como a Sócrates; ambos de quienes he recibido gratuitamente tanto consejo, dirección y solaz.

De este último, quiero tomar su frase: *"Una vida que no ha sido examinada no merece ser vivida"*, la cual, siendo un pensamiento autoevidente, lo aprovecho para cerrar estas líneas.

Ticuantepe, Nicaragua, 13 de marzo 2020

Domina el caballo vigoroso de tu mente.

Tabla de contenido

1. Formación de Formadores

Algunos encargados de Recursos Humanos y de capacitación en Seguridad Operacional dentro de las empresas, con frecuencia se preguntan acerca de la efectividad de las formaciones internas conducidas con personal propio. La pregunta de siempre es si la sesión fue o no suficientemente eficaz, debido a que las situaciones que se pretenden prevenir mediante la formación, adiestramiento y desarrollo de habilidades, vuelven a ocurrir, a veces hasta con mayor frecuencia e impacto.

Pocas veces se sospecha que la improvisación y el empirismo podrían ser factores presentes en mayor o menor grado. En una gran proporción de los casos la formación es vista como una actividad o un evento más, pero muy pocas veces como un proceso con sus correspondientes fases que deben tener un estricto aseguramiento de la calidad.

La vista típica que se puede observar es la recurrencia de los mismos accidentes y *no conformidades* en los sistemas de gestión. Rara vez se toma en consideración la necesidad específica de que, en una alta proporción, los formadores internos —llámeseles facilitadores, entrenadores, instructores, capacitadores, profesores, guías, etcétera— requieren de la misma manera un proceso de desarrollo de competencias y habilidades para el papel tan importante que realizan.

Muchas veces este prerrequisito lógico es obviado, puesto que dentro de las empresas la selección de un formador está más bien basada en: a) la designación arbitraria; b) el voluntariado solitario, ya que hay mucho temor escénico; c) la costumbre, cuando tenemos a la

1

misma persona desde tiempo inmemorial; d) la recomendación o influencias, ambas con inciertas competencias profesionales.

Es importante tener en cuenta si la capacitación se desarrolla o no a través de un proceso: desde la determinación de necesidades, objetivos perseguidos, conocimiento de los tipos de inteligencia del personal, puestos desempeñados —así como otra información particular— para el planteamiento de las metodologías didácticas adecuadas y los esquemas de evaluación de resultados y aprovechamiento.

Las evaluaciones deben abrir la posibilidad que quienes aprenden se conquisten a sí mismos, y que demuestren sin inhibiciones sus conocimientos por distintas vías: trabajos prácticos, representaciones, exposiciones, asignaciones, modelamiento, etcétera, y que puedan ellos/ellas escoger la modalidad en la que se sientan más confortables.

Lo fundamental no es la cantidad de conocimientos que sepa el formador, sino, la determinación de la manera correcta para abordarlos y transferirlos a una audiencia específica, la cual siempre estará constituida por diversidad de personas con sus diferentes inteligencias y maneras de aprender.

Cuando se escoge el empirismo y la improvisación, no queda más remedio que aceptar lo mediocre de los resultados, ya que se trabajó por ellos.

Estas fallas son frecuentes no solamente en lo que respecta a los formadores internos, sino que también —y a veces con mucho más impacto negativo— en aquellos formadores externos, de quienes no se investiga mínimamente si han tenido alguna acreditación creíble y verificable, o un desarrollo de competencias probadas en este campo; sino que son seleccionados sobre la base del bajo costo, por influencias o por la creencia ingenua que años en la actividad equivalen a años de verdadera experiencia. Grave error.

28-enero-2013 / *El Nuevo Diario*

2. Las auditorías de Seguridad Operacional

A medida que los accidentes y violaciones regulatorias causan impactos notorios en las utilidades y en el tiempo productivo de las empresas, así como también daños a su imagen pública, el personal de dirección se empieza a involucrar activamente para asegurar el éxito de los programas de Seguridad Ocupacional, Higiene Industrial y Ambiente.

Además, tanto los gobiernos como los accionistas —de empresas internacionales más que todo—, presionan a los directivos para que demuestren que hay un gerenciamiento efectivo de sus obligaciones en estos campos. Es por esto, que tiene la máxima importancia que las auditorías de Seguridad Operacional no sean un evento más, sino, todo un proceso establecido y que esté circunscrito a un sistema gerencial que pueda medirse, compararse y mejorarse en términos de efectividad.

Numerosas empresas manejan este proceso en forma reactiva-defensiva, es decir, que cuando ocurre un accidente se empiezan a buscar justificantes y otras excusas, para asegurar que, efectivamente, sí había un relativo control, y que lo que ha ocurrido —sea un percance serio, una pérdida material cuantiosa, o bien, una violación regulatoria o un impacto a la imagen corporativa—, fue una mera obra de la casualidad.

Los directivos de las empresas tienen un papel irrenunciable como administradores de los sistemas gerenciales, para prevenir que no se provoquen costos no programados, violaciones regulatorias y éticas a los valores, tanto de las partes interesadas externas como internas, entre estas, los empleados, familias extendidas, accionistas, etc.

Las auditorías de Seguridad Operacional tienen que ver con la recopilación de información, análisis de los hechos, apreciación del estado relativo de una planta industrial, así como informar los resultados a los niveles decisorios dentro de la organización.

Requieren también la evaluación de los puntos fuertes y débiles de los programas de Seguridad Operacional en funcionamiento, así como el nivel de cumplimiento regulatorio y otros aspectos de gestión del riesgo de las labores realizadas, factores que necesitan atención continua.

Las auditorías de Seguridad Operacional y sus respectivos informes son una oportunidad para valorar la gestión integral de las gerencias, en términos de exposición al riesgo que enfrenta la empresa.

Algunas compañías realizan estos ejercicios con su propio personal (*internal assessments*); otras de una forma más competente y proactiva, contratan a una entidad independiente para que esta conduzca un programa de auditoría o de verificación de sus sistemas de gestión.

Las áreas de mejora son la verdadera *carne* de este proceso. Frecuentemente, llama la atención de cómo los representantes de la empresa evaluada luchan *a muerte* por evitar un punto de no cumplimiento o de *no conformidad*, incluso hasta un comentario para el perfeccionamiento continuo en el *Informe Final*, lo cual es comprensible, pero es también una muestra del *software mental* equivocado con que se les entrena, que es una completa falta de entendimiento del verdadero propósito de estas evaluaciones, las cuales son un medio de acercarse cada vez más a la excelencia operacional.

¿Cuándo fue la última vez que se efectuó una auditoría de Seguridad Operacional en su empresa? ¿Se cumplieron en tiempo y forma las recomendaciones?

6-marzo-2012 / *El Nuevo Diario*

3. Accidentes de trabajo fatales en Nicaragua

Es notorio que la ocurrencia de otro terrible accidente laboral en Nicaragua es una noticia que solamente dura un día, o máximo dos en los medios de comunicación. No obstante, hay que pensar verdaderamente en el impacto de por vida que tiene para la familia del trabajador o trabajadora quien sufrirá las consecuencias de la pérdida, no solamente de un ingreso familiar, sino también, del componente afectivo del ausente, lo cual es absolutamente irrecuperable.

Localmente esta situación ha alcanzado niveles epidémicos, claramente con vistas a no tener fin. No se ha terminado de entender el gravísimo impacto del costo social de un accidente fatal o invalidante, que no solamente deja secuelas a nivel personal y familiar, sino también, el impacto económico para nuestra pobre economía, la cual ha invertido recursos de todo tipo en la preparación de un trabajador o trabajadora. Es un hecho que los costos de un accidente laboral nunca son compensados para las víctimas.

Por más malabarismos verbales que hablen sobre compensaciones, la absoluta mayoría de los costos son *tercerizados* a la sociedad como un todo, que asume el costo de ciertas compensaciones, pero el peso fundamental va para las víctimas pasivas del accidente, los dependientes de la persona lesionada o muerta.

Veamos esto ahora desde el lado de la empresa. El costo de un accidente invalidante o fatal tiene una distribución que es similar a la de un iceberg o témpano de hielo, en la que lo que sobresale de la superficie es solamente 1/9 de su masa, el resto —8/9— está debajo la superficie; no se ve. De la misma manera, los costos directos, aquellos que se pueden ver —en forma aparente—, que salen de la bolsa en forma inmediata como pago por reparaciones, reemplazo de equipos, costos médicos y otros directos, figurarían apenas como ese 1/9 de los costos del accidente.

Pero hay una gran cantidad de costos indirectos —los que no se ven— pero que tarde o temprano se pagarán en forma ineludible. Se calcula que por cada $1 que se gasta en forma directa por un accidente de trabajo, existen $25 que no son vistos, que son indirectos, pero que existen y se pagarán tarde o temprano. Y algo más, ese dinero la empresa ya lo había ganado, por lo tanto, tiene que sacárselo también de la bolsa, sin ningún escudo fiscal. Estos son los fondos que más les duelen a las empresas. Pero aún hay más.

Estamos aún sin valorar el otro concepto de costo que es el impacto de un accidente en la reputación de la compañía. La así llamada *Gerencia de la Reputación*, es hoy una materia de estudio formal y profundo en las universidades más competitivas de EE.UU. y Europa; materia que antes ni se pensaba que fuera parte de un pensum académico formal, la que tiene que ver de cómo el impacto de una situación de este tipo afecta directamente el valor de las acciones o patrimonio de la empresa, y también, la capacidad para generar ganancias presentes y futuras, así como la viabilidad de hacer negocios, mantenerse en el mercado, y hacer socios estratégicos.

Una compañía donde acontecen accidentes de trabajo es una empresa con una pésima reputación.

Obviamente, si hay una organización que tiene una gestión de riesgo pobre o mediocre —con accidentes laborales frecuentes—, simplemente esta será una entidad a la cual nadie va a ir a trabajar con convicción de que se pueda lograr la autorrealización personal.

La ocurrencia de un accidente en una empresa tiene como única ventaja, aquella de brindar una oportunidad de observar una radiografía de los sistemas organizativos de una empresa, de lo que ahora se denominan sistemas de gestión. El sistema que aparecerá mejor definido, como en un *CT Scan*, es el de liderazgo gerencial. Este contiene los referentes éticos y morales de la alta dirección, la de la calidad de su ejemplo hacia el personal, así como la forma en que ven al mundo quienes toman las decisiones en ese negocio. De la ejecución de ese sistema se puede concluir el grado de adecuación ética que tiene la dirección para con sus colaboradores.

Una organización que no se preocupa verdaderamente por sus propios empleados, con mucha dificultad podrá entonces preocuparse por sus clientes, a lo sumo, se concentra temporalmente en la producción como prioridad máxima, con el fin de generar utilidades transitorias y acaso inciertas, pero no se enfoca en el activo más valioso del negocio: sus propios trabajadores.

Este es un enfoque fallido, equivocado y de corto plazo, que posicionará la empresa de crisis en crisis y que tarde o temprano irá hacia su propio empeoramiento.

Algunas gerencias argumentan pomposamente que la inversión en *Equipo de Protección Personal (EPP)* es un indicativo del grado de esmero que tiene la dirección de la organización, en cuidar de su personal para evitar accidentes, cuando esto no es más que un deber y responsabilidad de la empresa en dotarlo y reemplazarlo oportunamente. Parece que existe una visión de ética selectiva en pensar que el dotar de *EPP* a los empleados pueda ser un acto magnánimo o digno de encomio; sino que es simplemente la Ley, es lo que se debe cumplir, no es una acción heroica alguna por parte de la empresa, sino apenas lo mínimo esperado.

La empresa que verdaderamente quiera progresar en cumplir con el objetivo de prevenir accidentes de trabajo tiene que hacer mucho, pero mucho más. En Nicaragua se piensa que los temas de Seguridad Operacional son secundarios, subalternos y que corresponden ser ejecutados al personal de menor nivel organizacional. Esto es causado por un increíble desconocimiento muy notorio de las gerencias sobre las brutales implicaciones de toda índole que tiene un accidente laboral —y hoy cada vez más—, debido a que, para competir y mantenerse vigente en un mercado internacional, la forma en que se produce es tan importante como el producto o servicio mismo que venda la empresa.

Una organización que genera viudas y huérfanos difícilmente podrá mantenerse con una certificación internacional, o en alianza estratégica con empresas que tienen indicadores de gestión en los cuales se mide lo que la empresa aporta a la sociedad en su conjunto, así como el daño que pueda causar a sus trabajadores, al medio ambiente, a sus vecinos y a su comunidad.

Pobre enfoque de gestión tiene una empresa que piense que tras un accidente de trabajo pueda mantenerse con los mismos paradigmas, de suponer que la producción es lo número uno, y que después del percance todo quedará atrás, y que se podrá seguir adelante sin cambios profundos en el comportamiento, principalmente, en el de la propia gerencia general. Entonces, simplemente estarán esperando —aunque no lo quieran— que el accidente ocurra otra vez.

Albert Einstein decía que un problema no puede resolverse en el mismo nivel de pensamiento donde fue generado, por lo cual, es importante reflexionar que los accidentes ocurridos no son tan *"accidentes"*, sino que son eventos causados por la negligencia, el exceso de confianza, la inobservancia de los métodos comprobados de análisis de riesgos, la ineficacia de acciones correctivas, los recortes continuos en el mantenimiento que dejan sin presupuesto para mejoras operacionales —pero sobre todo—, por la visión empresarial miope y complaciente de que se puede seguir haciendo lo mismo, sin consecuencias. Esto ocurre por la probable percepción de que las leyes en Nicaragua son percibidas como conceptos virtuales y etéreos, acaso inexistentes, y si existieran, se consideran que son para torcerlas, dependiendo de quién sea usted o a quien usted represente.

La supervisión prudencial que ejercen las autoridades en Nicaragua es débil y se enfoca equivocadamente en los indicadores reactivos de desempeño, y no en los factores que son la causa raíz de los accidentes de trabajo, que es el enfoque en la cultura organizacional. Su énfasis debe encauzarse más hacia las mentes de las gerencias que al personal de campo; entrar en la mentalidad y en la forma en que las gerencias influyen en el ambiente de trabajo. La legislación actual se enfoca en síntomas aparentes y equivocados, y no en ejercer un verdadero diagnóstico con especialistas. Ya se sabe que prescribir medicación con un diagnóstico equivocado, conduce a una mala praxis. Entonces, hay que romper esos paradigmas erróneos.

Las empresas deben invertir más que en un entrenamiento simplista de su personal, sino en dotar a sus ejecutivos de las herramientas de análisis de riesgos de clase mundial, de desarrollar habilidades gerenciales para manejar efectivamente la Seguridad Operacional, que sus ejecutivos puedan modelar verdaderamente en el personal de supervisión, y en los empleados en general, los comportamientos seguros para evitar accidentes.

Es necesario deshacerse de la mentalidad de que las personas son piezas de reemplazo y que *"se presupuesta para los accidentes que van a ocurrir en el año"*.

Hay que reconocer que se tiene un problema —pero que es a la vez una oportunidad— para hacerse hacia dentro de la empresa las preguntas cruciales, incómodas, pero necesarias:

a) ¿Qué tanto estamos haciendo en forma efectiva para evitar accidentes?

b) ¿Estamos confortables o inconformes con los resultados?

c) ¿Decimos más de lo que hacemos en Seguridad Operacional?

d) ¿Cuáles son los valores fundamentales que distinguen a nuestra empresa? ¿Son los mismos valores que son percibidos por nuestro personal?

e) ¿Se involucran verdaderamente los ejecutivos en las acciones de prevención de accidentes?

f) ¿Nuestras herramientas administrativas para prevención de accidentes están siendo usadas con efectividad, o solamente las hacemos para generar un "juego de números"?

g) ¿Seguimos haciendo lo mismo, pero confiando en que tendremos resultados diferentes?

Las empresas que no aprenden del pasado —al igual que las sociedades, según afirmaba George Santayana—, están condenadas a repetirlo.

30-junio-2011 / El Nuevo Diario

4. Seguridad Operacional y Riesgos Psicosociales

En las investigaciones y análisis de accidentes, es importante tomar en cuenta la posible existencia de estos factores, debido a que pueden ser precursores de errores fatales

Este tipo de riesgo es otra de las áreas de importancia fundamental en la prevención de accidentes laborales. Las otras restantes tienen que ver directamente con la Seguridad Operacional en sí; la Ergonomía, -que es la adaptación de los espacios, maquinarias y herramientas a la persona-, y la Higiene Industrial.

Los riesgos psicosociales tienen que ver con los factores que son perjudiciales para la salud de las personas en los ambientes de trabajo, provocando enfermedades cardiovasculares, respiratorias, inmunitarias, gastrointestinales, etc., por citar solamente algunas, y que son resultado de métodos de organización del trabajo inadecuados, o de conductas nocivas por parte del personal mismo, principalmente de aquellos que dirigen el trabajo, supervisores y gerentes.

El estrés, el acoso laboral, así como el malestar físico y psíquico que sufren muchos trabajadores/as son el resultado de prácticas inadecuadas de organización del trabajo que muchas veces pasan desapercibidas, o bien, son consideradas como "normales".

Ciertas condiciones de trabajo, que por un incuestionable "diseño organizacional" sustentado en la improvisación, costumbre, o ignorancia pueden llevar a situaciones en las cuales se cause una exposición nociva de factores psicosociales que pueden dañar al individuo.

El estrés excesivo, por ejemplo, puede no estar relacionado con una debilidad del individuo ante una carga de trabajo "normal" en una empresa. Hay niveles de estrés que pueden dañar a la persona causando daños severos. De un ambiente estresante en extremo, es fácil pasar al "burnout", -síndrome del individuo "quemado" física y anímicamente-, que es un padecimiento que se manifiesta con fatiga crónica, ineficacia en las actuaciones, y en algunos casos, a la negación de los acontecimientos o sus consecuencias.

Muchas veces esto obedece a trabajos cuya carga de responsabilidades mal balanceadas, o bien, a puestos cuya demanda de tiempo y trascendencia de responsabilidades podría estar en el umbral de lo inmanejable.

En la administración de operaciones, es importante la búsqueda de estos factores, puesto que su existencia provoca que ciertos puestos de alta criticidad puedan estar sujetos a cometer errores de consecuencias irreversibles, por ejemplo, controladores aéreos, monitores de procesos en plantas petroquímicas, conductores de sustancias peligrosas, entre otros.

En las investigaciones y análisis de accidentes, es importante tomar en cuenta la posible existencia de estos factores, debido a que pueden ser precursores de errores fatales.

¿Qué se recomienda entonces? Hacer proactivamente una evaluación de estos posibles factores en el ambiente de trabajo, sobre todo, si se sospecha que se están dando situaciones de errores reiterados, anomalías en procesos, o algunas posturas personales de acoso laboral (temor excesivo a las acciones de supervisores, gerentes o colegas; sanciones administrativas de dudosa justeza, o bien, existencia de "feudos" o "virreinatos" en los cuales se llevan a cabo prácticas que dañan la autoestima del individuo). Vivimos en una sociedad que promueve el ridículo como distracción social, por eso, hay que tener cuidado con estos factores, pueden llevar eventualmente a situaciones irreversibles.

26-junio-2012 / El Nuevo Diario

5. Prevención de accidentes vehiculares

Es innegable que ahora la primera causa de muerte en Nicaragua son los accidentes vehiculares, los cuales no solamente causan daños emocionales, sino también, económicos; pero, sobre todo, sociales al dejar en desamparo a los dependientes de la víctima, sin salvaguardas establecidas para la educación y formación integral de los dependientes.

Ahora bien, las recetas que tradicionalmente se brindan son las mismas, y naturalmente, con el idéntico enfoque, repetitivas y superficiales, las cuales hacen que el problema vaya creciendo exponencialmente. Lo que más estupor causa es que los niveles que este flagelo ha alcanzado ahora sorprendan a las autoridades. *¿En verdad esperaban algo diferente?*

Los países que han tenido éxito en hacer una reducción notoria de esta epidemia, como Colombia, han utilizado un enfoque múltiple, en el cual el componente educativo no tradicional ha sido un factor de peso, aunque uno más de los diferentes recursos disponibles. Es un tema complejo en el cual siempre existen obstáculos culturales, estructurales, sociales, económicos, legales y administrativos.

Los accidentes siempre nacen primero en la mente de la persona, no solamente por aquellas prácticas y hábitos cuestionables particulares y sociales, sino que también aparejados por otros factores, como el de un ambiente de conducción anárquico tipo "Ley de la Selva", y sumado a un contexto de impunidad manifiesta —tolerada y promovida muchas veces por las mismas autoridades de

Tránsito—, quienes son las primeras en violar las normas que ellos mismos están encargados de imponer, o al hacerse de la vista gorda ante las violaciones de aquellos "conductores profesionales", enfocándose en el conductor solitario de vehículos particulares, carente de influencias y sin protección oficial.

Otro factor contribuyente es lo superficial de la enseñanza en el autoconocimiento para aquellos conductores en riesgo. Se hace énfasis en la infracción y no en el autodiagnóstico como factor de cambio, lo cual hace que la reeducación sea virtualmente imposible.

Los conductores que son infraccionados le temen más al calvario de la tramitología para que les devuelvan la licencia que a la multa en sí; y por eso se promueve consciente o inconscientemente *la mordida*, por el temor al trámite burocrático, pero así no se reeducará jamás al conductor; más bien, lo induce a promover prácticas reñidas con la ética; perdonen: *¿será lícito hablar aún de ética en este país?* Disculpas de antemano.

Las técnicas modernas de educación vial para conductores en riesgo tienen que ver más con la *psicología del aprendizaje* que con la materia misma de educación vial; es más una *introspección inducida* que el conocimiento vano con que se les repite más de lo mismo a los conductores.

¿De qué sirve conocer de categorías de licencia, si se dejan intactas las causas subyacentes del manejo agresivo y del comportamiento troglodita de algunos conductores? ¿Cuál es la utilidad de conocer la clasificación de las señales de tránsito, si no se pueden definir las conductas que evitan accidentes? ¿Dónde queda el manejo de la ira, la gestión de las emociones y el autocontrol, si lo

17

que se promueve es la política de la infracción y el sorprender al conductor como *modus operandi* de la Policía?

¿Cuánto ha invertido usted este año en educar verdaderamente a sus conductores?

22-enero-2013 / El *Nuevo Diario*

6. Accidentes y celulares: ¿necesita su empresa una política?

Según las recientes declaraciones de las autoridades de Tránsito, los accidentes causados producto del uso del celular ascienden a un porcentaje aún indeterminado, pero seguramente alto.

Es interesante que este factor sea considerado ahora como uno de los principales causantes, puesto que en el pasado no había existido tal preocupación, a contramano de lo que ocurre en el resto de los países del mundo, en los cuales se llevan estadísticas rigurosas sobre los accidentes viales, causa de muerte que hoy podemos calificar como verdadera epidemia y problema número uno de salud pública en nuestra nación.

Al menos en Estados Unidos, el porcentaje de personas que acepta que usa normalmente el celular al conducir, es por lo menos el 25%. En nuestro país, por simple inspección, este número podría ser mucho más alto, puesto que vivimos sin ley efectiva. Se especula aquí que existe un alto índice de personas lesionadas como resultado de accidentes vehiculares, en donde sus conductores manejaban distraídos al ir hablando por celular.

Pero estos son solamente números especulativos, porque hay que señalar que es difícil determinar con certeza, cuando los accidentes involucran a personas particulares, si estos fueron causados o no por esta peligrosa distracción.

No obstante, es notorio que en nuestro país hay un silencio —a lo mejor intencionado— de no debatir este tema, tal vez por los intereses económicos y oscuros que se mueven tras bambalinas, así como por el ya tradicional lavado de manos de las autoridades.

En EE. UU ha habido una fuerte oposición de las empresas de telecomunicaciones a concienciar sobre el tema, debido a la obvia disminución en los minutos de tiempo aire consumidos. En algunas naciones existe cierta responsabilidad social en promover campañas educativas sobre el tema; mientras que aquí estas empresas mantienen un nutrido bombardeo de publicidad para vender las promociones *minuteras*, las que promocionan con jóvenes modelos con sonrisas de artificio.

Ciertas empresas locales ya han establecido políticas restrictivas sobre el uso de esta imprescindible pero peligrosa herramienta. Típicamente, la violación de esta política tiene asociada una sanción disciplinaria, la cual —en caso de que se compruebe que dicha violación llevó a un accidente—podría ser hasta el despido inmediato.

Estas empresas tienen protocolos de investigación de accidentes que, de forma normalizada, piden a la operadora telefónica los registros de llamadas, para que en caso del menor accidente cotejar si alguna de estas se corresponde como evidencia.

Durante mi experiencia profesional me ha tocado ver la aplicación de esa política en al menos tres casos, los cuales terminaron en despidos, pero que fueron una medida extrema de seguridad para protección de la vida del conductor y del público en general.

En nuestros cursos de manejo defensivo, los participantes siempre reportan el factor de riesgo que implican las llamadas continuas de la supervisión, las cuales tienen que ser contestadas obligatoriamente por los conductores, llevando esta práctica en muchos casos a situaciones de casi-accidentes y de accidentes dolorosos, los cuales son causados por la presión administrativa de la misma empresa.

Es importante que para elaborar una política se deje en claro cuáles son las conductas que deben ser evitadas/promovidas, no solamente por parte de los conductores, sino por la propia administración, incluyendo al más alto ejecutivo/a.

21-agosto-2012 / *El Nuevo Diario*

7. El papel del Coordinador/a de Seguridad

Ocurrió recientemente en una de nuestras asesorías en la región, en la cual cuando se le preguntó a uno de los supervisores sobre la razón de los actos inseguros en las operaciones vistas en su propio grupo de trabajo, este mencionó: *«es culpa del coordinador de seguridad»*.

Ese tipo de conducta tiene a su vez raíces muy profundas, las cuales deben ser investigadas por la misma gerencia, para determinar cuáles son las acciones por emprender desde el punto de vista de comunicaciones, definición de expectativas y realineamiento de procesos.

Algunas veces la posición del coordinador/a de seguridad en una empresa es muy difícil cuando no hay soporte o existe poco involucramiento gerencial, puesto que a este cargo se le hace chivo expiatorio de las omisiones, errores, así como por la falta de acción y ejecución de la línea.

En las empresas exitosas en la administración de la seguridad operacional de clase mundial, los supervisores y las gerencias de la línea de negocios tienen la responsabilidad intransferible de responder por los resultados de su propio personal en esta materia.

La coordinación de seguridad operacional es solamente una facilitación y ayuda técnica para potenciar resultados que nunca podrán ser mejores —por definición— que aquellos que la misma línea de negocios sea operacionalmente capaz.

Una pregunta fundamental que debe hacerse cada ejecutivo y cada coordinador/a de seguridad operacional es: ¿En qué nivel está siendo manejada esta función en la empresa? ¿Está siendo dirigida solamente por el coordinador/a de seguridad operacional, o se involucran directamente las gerencias para monitorear, interpretar y enfocar las acciones en forma periódica?

Si la gerencia general proyecta o promueve la actitud de que la seguridad es solamente responsabilidad del departamento de seguridad —entiéndase el coordinador/a— entonces esta es una invitación abierta para etiquetar esa posición como "*punching bag*", a la cual se le dará golpes cuando las cosas no vayan bien en este campo, fomentándose también los consabidos recursos de asignación de culpa, los cuales son el reflejo de una organización con un severo *desalineamiento* de responsabilidades y acciones.

Es importante también para la misma persona que funge como coordinador/a de seguridad operacional, hacerse la pregunta acerca de qué tipo de capacitación está recibiendo, si esta es convencional, o bien, si está orientada hacia la formación verdadera como profesional de esta área, la cual requiere educación en tópicos de cambio de conducta, seguridad basada en el comportamiento y procesos de aprendizaje a través de refuerzos positivos. Hay que entender que la preparación no puede ser algo más del montón.

No deja de ser imperativo saber también el tipo de capacitación de seguridad operacional que se le está brindando al resto del personal.

Para esto se requiere solicitar y analizar el programa de capacitación anual para determinar si los tópicos, frecuencia y capacitadores son los más idóneos para el perfil del negocio.

Las funciones de las posiciones de seguridad operacional están resumidas en disminuir la exposición general de riesgos mediante asesoría técnica, facilitar el trabajo de entendimiento de las causas y efectos de accidentes, y colaborar en la formulación de las medidas preventivas correctas, pero no llevar encima las responsabilidades por los resultados de las actuaciones inconsistentes de las líneas jerárquicas.

26-febrero-2013

8. Manejo del Cambio

Una de las herramientas más poderosas en la identificación y control de peligros en seguridad operacional es el Manejo/Gestión del Cambio, (Management of Change o *MoC*).

Esta es una técnica administrativa de seguridad que sirve para identificar las consecuencias potenciales de un cambio operacional por efectuarse, ya sea en maquinaria, equipos, tecnología, especificaciones de diseño, procedimientos, prácticas de trabajo, materias primas, e incluso leyes y regulaciones, entre otras situaciones, cuya inobservancia de las nuevas condiciones pueda causar un incidente con consecuencias no previstas.

Un proceso adecuado de *MoC* debe contemplar como mínimo la seguridad de los empleados y contratistas, que ejecutarán las modificaciones, al igual que la de aquellas personas en las inmediaciones del sitio operacional.

Tomemos un ejemplo, tal como el reemplazo de una maquinaria existente por otra de mayor capacidad y complejidad operativa; entonces el *MoC* no solamente es necesario, sino que en algunas regulaciones de seguridad —tales como aquellas correspondientes a la seguridad de procesos en industrias petroquímicas— es hasta mandatado por ley, entendiéndose que la organización debe analizar sistemáticamente todas las implicaciones de riesgo que tiene la adopción de la nueva máquina, entre ellas, que si el personal que va a operarla está debidamente entrenado; si el aumento en capacidad tiene implicaciones peligrosas para otras áreas; que si la alimentación eléctrica tiene las salvaguardas adecuadas, incluyendo los procedimientos de parada de emergencia y guías de mantenimiento periódico, entre diversas verificaciones.

De otra forma, sería muy contraproducente dejar a la improvisación y al azar situaciones que pueden llevar eventualmente a un accidente serio. Para esto es que sirve esta herramienta, la que se expresa en formato de listas de verificación con sus anexos técnicos.

En estudios serios conducidos en otros países, se ha constatado que una amplia proporción de accidentes de trabajo son causados por la ausencia de estos procedimientos, o bien, por lo inadecuado de los mismos, o que al ser aplicados de manera atropellada sin la debida observancia y detalle analítico se incurre en accidentes, llegando a acumular hasta un 29% de lesiones serias o fatales.

Los casos más frecuentes ocurren en las siguientes situaciones:
a) Trabajo no rutinario en equipos, maquinaria o procesos.
b) Actividades de parada de maquinaria o procesos.
c) Modificaciones físicas de planta y procesos.
d) En paradas de emergencia, de mantenimiento y reparación, así como en los rearranques de las plantas o unidades complejas.
e) En fuentes de alta energía, por ejemplo (eléctrica, vapor, neumática, química).
f) En situaciones anormales o variaciones en picos de producción.
g) En eventos sin procedimientos específicos de respuesta ante la emergencia.

Las empresas de alta confiabilidad operacional aplican el *MoC* como una práctica de trabajo estándar, ya que, al tenerla en vigencia, se reduce sustantivamente la probabilidad de percances serios.

El planteamiento que debe hacerse toda compañía con probabilidad de escenarios catastróficos es evaluar seriamente la conveniencia de implantar un sistema de esta naturaleza.

Probablemente acaso se tenga ya incorporado algún método elemental, aunque no estructurado, por lo que un enfoque de "adoptar primero y luego adaptar" este método efectivo de prevención sería un avance significativo para convertir el sitio de trabajo en uno de la más alta confiabilidad operativa.

10-julio-2012

9. Mucho ruido y pocos resultados

Cualquiera puede recitar de memoria el mantra de seguridad de su organización: *"Irse a casa a como vinimos"*, *"Aquí la seguridad es lo número uno"*, o el engañoso *"La seguridad es nuestra prioridad"*.

Lo que al final importa son los resultados. En seguridad, el desempeño actual se mide al igual que el de los pilotos: *eres tan bueno como tu más reciente aterrizaje, no importan tus condecoraciones ni años en el oficio.*

El aspecto más importante no son las alegres declaratorias de intenciones, sino, hacia dónde está yendo la organización en términos de resultados tangibles; cuál es la evolución que está teniendo, las metas que se están alcanzando, pero, sobre todo, las oportunidades de mejora que ha capitalizado la organización para reducir la exposición de riesgos que pueden llevar a un accidente con lesiones.

Lo importante no es si tiene usted un programa de seguridad en la empresa, sino, su efectividad probada.

No son relevantes tampoco los días sin accidentes invalidantes —nada más engañoso y manipulable— sino, saber el vector de resultados del programa de seguridad; de si los sistemas gerenciales funcionan según las expectativas, o bien, determinar entonces las acciones correctivas y las modificaciones a los procedimientos que habrá que realizar, pero, sobre todo, desarrollar cambios en el enfoque de liderazgo para que el personal pueda ser más proactivo en el proceso de identificar riesgos y evitar accidentes.

La excelencia en seguridad no es un oficio de la lengua, ni de la contemplación ascética, es un acto físico, muscular, requiere energía, involucramiento, sudor, actividad —pero no a la loca— y que enfáticamente necesita de medición apropiada, proactiva y eficaz.

Un viejo adagio dice que *lo que no se mide no se hace.* No existe nada más cierto. Entonces debe usted considerar la estructura actual de administración de la seguridad operacional que tiene en la empresa, para corregirla y enrumbarse en un vector de excelencia.

Si usted, por ejemplo, dentro de su organización piensa que lo importante es tener un comité de seguridad —independientemente de la calidad y la competencia de sus miembros—, comete entonces un grave error. ¿Por qué?

Porque usted debe modelarlo y orientarlo mediante la inclusión del mejor personal de su organización. El comité de seguridad debe ser un ente verdaderamente ejecutivo, que tenga garra y dientes y que pueda tomar decisiones.

Nada peor que lo contrario. Winston Churchill decía que: *si quieres que algo no se resuelva nunca, hay que conformar un comité.*

Si el suyo no tiene el personal correcto, si no saben lo que están haciendo, si no tiene personas entusiastas; los resultados serán tercamente los mismos.

Usted como gerencia deberá —además de participar activamente—, dotarle de recursos de todo tipo, y, ante todo, de un respaldo visible.

Este ente debe ser una instancia donde puedan tomarse decisiones consensuadas, a veces dolorosas, pero nunca un apéndice o mandadero oficioso y complaciente de lo que usted quisiera escuchar.

Se debe de promover la crítica positiva, el cuestionamiento profundo y la libertad de sugerir soluciones que verdaderamente puedan cambiar los resultados.

17-abril-2012

10. El verdadero sentido de las auditorías de seguridad

Recientemente, una empresa muy importante estaba casi paralizada porque estaban haciendo la preparación para la auditoría de los sistemas de gestión de seguridad operacional.

Fue sorprendente el hecho de que la mayoría de los sistemas habían pasado por un largo período de inactividad; poca información documentada, abundantes recomendaciones aún abiertas y mínimo cumplimiento desde la última auditoría.

Desafortunadamente, esta es una trampa común en todas las ocupaciones humanas: *lo correcto siempre toma más tiempo y requiere más esfuerzo*. Esto es para enunciarlo en forma general, pero específicamente, se debe a una falta de liderazgo enérgico en el cumplimiento de los deberes y a una irresponsabilidad anclada en la confianza de lo incierto.

Significa también la degradación de estos procesos de revisión de sistemas al equivalente a una simple labor de relaciones públicas, o de cumplimiento superficial y diminuto con los requerimientos de control establecidos.

Nada más peligroso que hacer de la labor de seguridad operacional un concurso de belleza o de promoción de egos. Aquí no habrá engañados; al final, cada uno se engañará a sí mismo.

El daño verdadero está en que surja un accidente debido a que las tareas y recomendaciones no se cumplan en tiempo y forma. Esta conducta se origina en un sentido equivocado de las prioridades.

Entonces, es preciso comprender que ejecutarlas es un proceso completo que requiere energía y seguimiento gerencial.

Realizar correctamente la gestión de seguridad operacional es una tarea crítica para calibrar el desempeño preventivo de acuerdo con los procedimientos establecidos; midiendo la profundización de las prácticas operacionales y auscultar el nivel de conciencia de todo el personal, especialmente las gerencias.

Por otro lado, ninguna auditoría está exenta de subjetividad y de aceptación de evidencia que podría ser incompleta, la cual incluiría también información inconsistente o con insuficiente profundidad — y eventualmente—, hacerlas pasar como muestras genuinas de cumplimiento correcto con las guías operacionales. Ningún ejercicio de esta naturaleza es perfecto, ya que corre siempre contra el tiempo y el Alcance técnico predefinido.

Frecuentemente, hasta el auditor más experimentado y acucioso se encontrará a veces en la disyuntiva de aceptar evidencia documental que ha sido preparada sin consistencia y con fallas en el cumplimiento; o bien, de rechazarla de plano y desencadenar entonces un proceso en el que muchas veces se involucran hasta las máximas autoridades de la empresa, buscando que no se registre un comentario o demérito que pueda afectar el desempeño y la reputación de personas específicas.

A menudo, las auditorías de seguridad son conducidas por personal de empresas del mismo grupo, lo cual potencia el hecho que pueda *"aplicarse la misma mano"* la próxima vez, —pero en tu propia planta—.

Existe una responsabilidad personal irrenunciable de los auditores, en señalar los puntos cuestionados y explicar las consecuencias en caso de un futuro incidente operacional.

A lo interno de la empresa, es importante que se pueda cambiar la mentalidad de que el cumplimiento con las auditorías no es un evento, sino todo un proceso estructurado y cuidadoso que debemos realizar todos diariamente, y no un acto periódico y vicioso de legítima crisis creada por la incompetencia y la falta de planificación, el que trastorna todas las actividades operativas, porque "nos estamos preparando para la auditoría".

En un sentido estricto, no debería haber preparación alguna, el solo hecho de decirlo, es sinónimo de que hemos estado actuando en forma negligente.

5-junio-2012 / El Nuevo Diario

11. ¿Tiene un Plan de Continuidad de Negocios?

Los recientes sismos y la moderada erupción de nuestro volcán más alto pusieron en angustia a muchas compañías. Este tipo de incertidumbre empresarial se incrementa también por la eventualidad de que una catástrofe mayor, o un evento desastroso causado por el ser humano —tal como un incendio calamitoso—, puedan golpear al negocio de una manera que trastorne radicalmente las operaciones.

Pero más que preocuparse, es hora de ocuparse y pensar en desarrollar para su organización un *Plan de Continuidad de Negocios (PCN)*.

El *PCN* es un documento vivo que contendrá el detalle de cómo el personal deberá mantenerse en comunicación, y la forma en que los colaboradores se configurarán para seguir realizando su trabajo, en un eventual desastre generalizado en una amplia área geográfica, o bien, a nivel nacional o incluso internacional.

No obstante, el segmento que quiero abordar en este caso es el que está conformado por las empresas pequeñas y medianas.

Aunque mi recomendación es que cada organización desarrolle un *PCN* detallado, se alienta a cada una para que, al menos, conformen un bosquejo de plan para que la emergencia no las agarre movidas.

A continuación, se ofrecen algunas sugerencias:

a) Documente los puestos clave y sus respaldos en caso de ausencia: estas deben ser las personas que sin su presencia la empresa no podría funcionar absolutamente.

b) Haga una lista detallada de sus teléfonos de casa, celulares, correo personal, dirección física, entre otros. Asegúrese de que esa lista la tenga en *"la nube"*, tal como en *Dropbox.com* o bien en *Google Drive*, que son herramientas formidables para este propósito.

c) Identifique cuáles personas pueden realizar trabajos desde sus casas.

d) Documente sus contactos externos clave tales como proveedores o contratistas críticos. Maneje esa lista actualizada, describiendo la función que realizan, por ejemplo, los técnicos de soporte de *Tecnología de la Información (TI)*, asesoría legal, y/o personas específicas que pueda necesitar para operar. Incluya también los números de contacto de los servicios públicos.

e) Documente los equipos críticos de operación.

f) Identifique sus documentos cruciales tales como los de carácter legal y otros imprescindibles.

g) Investigue y enumere cuáles compañías pueden rentarle camiones o vehículos de transporte, en caso de que su capacidad logística y/o de distribución estén inhabilitadas.

h) Establezca un posible *Sitio Alternativo de Operaciones*; este podría ser un hotel u otro lugar el cual pueda disponer para tal fin.

i) Haga una lista de *"los cómos críticos"*, para ejecutar paso a paso aquellos procesos especiales.

j) Consolide toda la información como un plan oficial y súbalo a *"la nube"*; comuníquelo a su personal y ensaye el plan a nivel teórico.

k) Procure mejorar el plan continuamente y hágalo una referencia obligatoria.

11-septiembre-2012 / El Nuevo Diario

12. Peligros en el sector hospitalario

Los accidentes laborales ocurren no solamente en los ambientes de trabajo industrial, sino también en el de los servicios y, máxime, en aquellos en que los descuidos son protagonizados por personal altamente especializado, quienes deberían —teóricamente— tener mayor cuidado en el cumplimiento de los procedimientos e instructivas operacionales.

En países donde se tienen estadísticas confiables, se sabe que el personal que labora en clínicas y hospitales, al usar sus celulares se convierte en una amenaza seria para las prácticas de control de infecciones.

Estos aparatos omnipresentes en todos los ambientes son ahora los accesorios más indispensables de la vida profesional y social, y aunque se puedan mantener almacenados en estuches o bolsillos, son siempre usados y manipulados con las manos y muy cerca de la boca.

En Estados Unidos se concluye que más del 25% de pacientes admitidos en los centros asistenciales son afectados por infecciones adquiridas en esos mismos establecimientos, causando al menos 1.7 millones de infecciones por año.

También se les asocia con aproximadamente 100 mil muertes anuales. Se estima que al menos un tercio de estas infecciones pudieron ser prevenidas, si el personal hospitalario se hubiese adherido a procedimientos estandarizados de control de infecciones, pero que lamentablemente, no fue así.

La acelerada evolución de los celulares hacia verdaderas estaciones de trabajo móvil —con todas las prestaciones de una computadora personal— ha llevado a una práctica maníaca de mantenerse hiperconectado en todo momento, tentación a la cual es difícil de abstenerse, por lo que estos dispositivos son usados con mayor frecuencia, hasta en los servicios higiénicos.

Cuando se toma en cuenta el contacto diario del celular con la cara, boca, oídos y manos, los riesgos de una infección bacteriana por contacto son muy obvios; más aún cuando algunos centros hospitalarios carecen de procedimientos específicos para la prevención de estos contagios.

El proceso de esterilización de las manos es relativamente fácil, pero ¿cómo desinfectar un celular? Además, estos son usados en los hospitales por los pacientes, visitantes y el personal asistencial, además de aquellos encargados de la limpieza.

¿Y cómo mandatar la prohibición de su uso, cuando aquí en Nicaragua el deporte nacional es el desprecio por las leyes, y la anarquía como condición existencial "normal "?

Otros errores citados frecuentemente en la literatura de prevención de incidentes en este sector son los que se cometen por una ausencia de procedimientos o listas de verificación (*checklists*), al realizar intervenciones quirúrgicas o procedimientos críticos.

Las clínicas y hospitales son los primeros que deben contar con un sistema de procedimientos y verificaciones de pasos, por la naturaleza siempre crucial de los procesos realizados.

En otros países con ordenamientos jurídicos efectivos, el no cumplimiento de estos procedimientos lleva a omisiones y/o errores que desembocan en demandas por enormes sumas compensatorias y litigación penal, por las consecuencias sin remedio que deja esta ausencia de un proceso de identificación y control de riesgos en un sector tan delicado, haciendo absolutamente necesaria la capacitación del personal asistencial junto con un programa continuo de verificación de cumplimiento.

¿Cuántos riesgos sin identificar cree usted tener en su centro hospitalario?

22-mayo-2012 / El Nuevo Diario

13. Una asesina silenciosa

La fatiga al volante es considerada la causa directa de un alto porcentaje de accidentes a nivel mundial. Algunas estadísticas de otros países más organizados señalan que este índice es al menos del 30 %, lo cual es altamente significativo. Asombra que a pesar de la peligrosidad de este fenómeno algunos conductores juegan peligrosamente a "*manejarla*" para combatir sus efectos al operar un vehículo.

Esta vez desvelaremos algunos de los mitos más comunes sobre este factor. Como manifestaciones visibles los síntomas son obvios: somnolencia, bostezos, incomodidad, parpadeo y ojos resecos, entre otros. No obstante, lo más grave es la disminución en los reflejos y la lentitud de respuesta a los estímulos de la carretera; ambas capacidades se disminuyen hasta en un 75 %, lo cual equivale a conducir seriamente alcoholizado.

Las causas de la fatiga tienen que ver primeramente con el conductor: no descansar adecuadamente, deshidratación, alimentación inadecuada, uso de alcohol y drogas, así como medicamentos que producen somnolencia, tales como los antigripales, y otros fármacos de venta libre.

De igual forma, hay razones que tienen que ver con el vehículo mismo: motores ruidosos, cabinas y asientos incómodos o con temperaturas excesivas; otras están relacionadas con la monotonía de la carretera y otras condiciones de la vía o del recorrido.

No hay que perder de vista que la principal causa de la fatiga es el descanso inadecuado, y la aparición del sopor o sueño es la última etapa de esta.

Los mitos alrededor de cómo combatirla son diversos y algunos con bastante arraigo en las creencias populares, pero hoy día se han realizado estudios serios amparados por una abrumadora evidencia, concluyendo que los paliativos o mal llamados *remedios*, no son más que consuelos de ingenuos. Veamos algunos:

Café: usted puede tomar la cantidad que quiera, pero no va a aumentar su estado de alerta; como mucho, podrá usted mantenerse forzadamente despierto y alterado, y esto es más peligroso porque el abuso de la cafeína causa una excitación tal, que puede equivaler a manejar bajo la influencia de drogas enervantes.

Bebidas energizantes: son tan peligrosas para combatir la fatiga que usted puede llegar a tomar decisiones violentas y con poco juicio, debido también al estado de alteración anímico.

Mojarse la cara: al igual que las otras creencias, esta es solamente otra más. No causa ningún efecto sostenible.

El déficit de sueño siempre le pasará la cuenta, por lo que usted debe primero estudiar sus hábitos de descanso. Si lo normal es dormir ocho horas diarias, entonces, si usted duerme en promedio cinco horas diarias, tendrá al final de una semana un déficit de 21 horas de sueño.

Los horarios administrativos que hacen trabajar a destajo, así como la inadecuada administración propia de los tiempos para descanso, hacen que la fatiga aumente exponencialmente.

Algunas empresas deben revisar si las jornadas de conducción son razonables para que sus operadores de vehículos puedan lograr un descanso de calidad, además de comprobar si los incentivos o remuneraciones no estén planteados de tal forma que promuevan la fatiga —conscientemente o no— debido al estímulo económico y que pongan así en riesgo a sus propios conductores.

27-noviembre -2012 / El Nuevo Diario

14. De las causas raíces de los accidentes

Es importante destacar que pequeñas mejoras en las técnicas de investigación de accidentes de trabajo, dan como resultado grandes saltos cualitativos en la identificación de las causas raíces de estos.

Cuando una empresa no tiene establecido un procedimiento específico de investigación, surgen entonces improvisaciones, debilidades, errores y sesgos que pueden contaminar el proceso y el resultado de identificar las causas directas, los factores contribuyentes, así como las de más profundo nivel; convirtiendo entonces este desarrollo en inefectivo, sesgado y no-creíble, y se vivirá entonces rutinariamente apagando fuegos, en estado permanente de crisis, teorizando con frustración creciente al no poder desarrollar recomendaciones efectivas para eliminar estos accidentes.

Existen algunos defectos que pueden señalarse de antemano, para evitar caer en este círculo vicioso, los cuales mencionaremos brevemente:

a) Ausencia de una política sobre investigación de accidentes: la piedra angular de este proceso es elevar a rango de política —no de simple recomendación o de sugerencia— la obligatoriedad de conducir la investigación, no solamente a todos los accidentes con baja o pérdida, sino —y principalmente— a los casi-accidentes de alto potencial, pues son los que nos dan gratuitamente una vista de las causas raíces sin haber experimentado una pérdida sustantiva. Debe

43

estar claramente definido quiénes serán los miembros del equipo investigador, sus competencias y responsabilidades, así como el producto esperado de la investigación. Los pasos específicos del proceso deberán estar claramente definidos con ejemplos de resultados documentales o de entregables exactos.

b) Inadecuado nivel de autoridad en la supervisión de resultados: a menudo un accidente es etiquetado erróneamente como algo "penoso", que atenta contra el pudor organizacional por las taras culturales del ridículo y de la burla congénita a la que siempre tiende nuestra sociedad; por lo que se intentará entonces que ese trance se marche lo más rápido posible, siendo triste que ninguna gerencia pueda realizar un involucramiento presencial competente, y mucho menos, un monitoreo de resultados intermedios para revisar la calidad de la investigación. Este es el conocido fenómeno del "se está trabajando en ello", sin revisión de resultados para corregir cualquier desenfoque.

c) Detener la investigación en resultados intermedios: esto ocurre cuando se empiezan a determinar grados de entrelazamiento departamentales en el no cumplimiento de las expectativas de los sistemas de gestión. Es clave mencionar que no estamos hablando solamente de empresas con sistemas de gestión formales y de una denominación tal como ISO, sino también de aquellas con sistemas gerenciales sin nomenclatura específica. Generalmente, este punto es en donde la alta gerencia debe ayudar a profundizar el proceso, puesto que se encontrarán intereses "políticos" internos, incluso personales, desde los que podría pensarse equivocadamente que hay intención en dejar mal parada a alguna gerencia. Es por eso por lo que se debe mantener el objetivo de entender por qué ocurrió el accidente y desarrollar recomendaciones efectivas para evitar su recurrencia.

d) Método inadecuado: algunas empresas se distraen en modos complejos de determinación de causas raíces para accidentes sencillos o de muy poco nivel de dificultad. Aquí debe utilizarse un procedimiento *KISS (Keep It Simple Stupid)*, para que pueda ser aprendido y aplicado aprisa, y poder vincular efectivamente la causa raíz con el no-cumplimiento probable de alguna expectativa(s) del sistema(s) gerencial. Generalmente, nunca hay un accidente que tenga como origen una única causa raíz, sino que siempre tendrá varias causas anidadas.

18-diciembre-2012 /El Nuevo Diario

15. Ergonomía

Uno de los peligros menos analizados en el trabajo es el que proviene de situaciones ergonómicas. Esta palabra, que se deriva del griego *ergon* (trabajo) y *nomos* (ley), podría dársele una definición tal y como *la ciencia que persigue que el diseño de equipos, sistemas técnicos y tareas sean de tal manera que mejoren la seguridad, salud, confort y desempeño de quienes los operan y manipulan.*

En distintos países, y con énfasis en Nicaragua, las enfermedades musculoesqueléticas tales como aquellas que causan dolor en la parte baja de la espalda, entre otros tipos de patologías como las psicológicas —relacionadas con el estrés— constituyen la causa más común de ausencias en el trabajo, incluidas todas estas como discapacidades a largo plazo.

Estas conductas y condiciones pueden ser atribuibles en forma parcial a situaciones de pobre diseño de equipo, deficientes sistemas técnicos y contraproducente configuración de tareas, incluyendo defectuosos sistemas administrativos y de gestión.

Una buena administración de la ergonomía puede contribuir no solamente a prevenir enfermedades, sino también a ayudar a mejorar la productividad.

En el diseño de sistemas técnicos complejos en algunas industrias de alta confiabilidad operativa, tales como las generadoras eléctricas, las fábricas con procesos automatizados, los controladores de tráfico aéreo, empresas aeronáuticas —entre otras—, la ergonomía también se ha convertido en uno de los más importantes factores de diseño para prevenir errores que puedan cometer los operadores.

Un número sustantivo de tópicos ergonómicos se ha incluido en los estándares de los sistemas ISO, así como en los sistemas propios de compañías globales.

El punto más importante es que, de acuerdo con estadísticas internacionales, el ausentismo debido a situaciones generadas por riesgos posturales, enfermedades psicológicas, entre otras, superan notoriamente el costo que pueden tener los accidentes de trabajo con lesión, en algunos casos, hasta en una proporción de tres o cuatro veces más.

Ciertas empresas en Nicaragua son reacias a analizar seriamente esta realidad, debido a que la ergonomía la consideran aún algo "exótico", o simplemente, no quieren darse cuenta de las causas que generan esas dolencias, tal vez por pereza mental, desconocimiento, falta de regulaciones puntuales y su imposición respectiva, o acaso por pensar que *"la ignorancia es felicidad"*.

Otra creencia errónea es la que se fundamenta en pensar que la ergonomía solamente se limita a temas posturales, trabajo de escritorio y otros tópicos limitados, ya que la ergonomía es un tema transversal para cualquier proceso productivo.

Un verdadero programa de ergonomía deberá poner en perspectiva también aquellos riesgos psicosociales existentes en el trabajo, entre ellos, el *stress*, el *burnout* o *síndrome del empleado quemado* —conocido también como *síndrome de fatiga crónica*—, además del *mobbing*, o acoso laboral, el cual se incurre cuando se quiere desvincular a una persona de un grupo o de la empresa, ejercida esta conducta por su supervisor y/o por otros miembros del grupo.

Progresar en este campo debe ser impulsado como una iniciativa consciente de la gerencia general; primero: capacitando sobre el tema a todo el personal —no solamente a unos pocos—, ya que el autodiagnóstico debe ser promovido como elemento de involucramiento y determinación de la línea base en que se encuentra la organización.

Segundo: plantearse objetivos y utilizar herramientas de diagnóstico, así como no vacilar en obtener ayuda profesional.

Numerosas empresas han mejorado notablemente su productividad y generado notorios ahorros al reducir los costos de enfermedades evitadas, a través de la gestión de este tema en forma seria, aportando recursos adecuados.

¿Entonces, qué está usted esperando para mejorar este factor de productividad en su empresa?

16-octubre-2012 / El Nuevo Diario

16. Matando al mensajero

Algunas situaciones exigen la toma de decisiones enérgicas para detener la accidentalidad laboral en una organización. Cuando se quiere evadir esa necesidad, existe a veces la costumbre en el personal gerencial de disparar al mensajero, es decir, tomarla contra aquel que lleva las malas noticias de lo imperativo que debe ser optar por un cambio.

Ciertas veces para salir de la inmediatez de ciertas acciones inefectivas y reiteradas que no contribuyen a romper el círculo vicioso de los accidentes, se requerirá tomar acciones drásticas y sentar precedentes. Nada hay más peligroso que mantenerse quieto con el embeleso de las "curitas" o "parches" que se aplican para corregir las mismas situaciones endémicas, las que hacen que los accidentes de trabajo reiteren; a veces de la misma forma y con consecuencias cada vez peores.

El problema es que cuando surge alguien interno o externo que quiere detener la locura de seguir haciendo lo mismo previsto bajo esas formas disfrazadas de "solución", entonces los cañones de aquellas personas con responsabilidad y complacencia en mantener el estatus quo, empiezan a disparar a un ritmo frenético e inmisericorde.

Recientemente, uno de mis colegas me refería el caso en el que el mismo personal llegó a la conclusión de que la mayoría de las causas raíces identificadas en los accidentes, tenían que ver más con factores tales como la falta de involucramiento gerencial, la existencia de una cultura de tolerancia máxima, la degradación de la seguridad a un simple requerimiento de política interna, o bien, a un *cinismo educado*, consistente en hablar mucho de la seguridad pero solamente como un oficio de relaciones públicas.

Cuando en esa empresa su mismo personal descubrió mediante ejercicios y autodiagnósticos profesionales el porqué de sus magros resultados, la reacción del contratante fue la típica de aquellos que aún no entienden las implicaciones de su propio accionar; encontrando entonces más fácil linchar al mensajero, como un recurso burdo de externalización de sus propias responsabilidades, de sus frustraciones, de su ineficiencia ante el hecho palpable que ese grupo de dirección no ha sido capaz de motivar, convencer, inducir y atraer al personal —tanto supervisado como supervisor— para revertir esas conductas que tienen que ver únicamente con las exactas justificaciones de su propia incapacidad y/o falta de credibilidad.

Él me decía que quienes lo contrataron le dijeron al final de la sesión que *"no era lo que esperaban escuchar"* —y por supuesto que no lo era. Muchas veces se encuentran personas, supuestamente profesionales, que están dispuestas a endulzarles el oído a quienes los contratan y que buscan reafirmarse en sus propias excusas e incapacidades, reiterando en situaciones que no harán subir de nivel a la organización.

Estas prácticas complacientes y zalameras de esos supuestos profesionales —pero que no le dicen la verdad al contratante—, impedirá identificar verdaderamente cuáles son las causas reales de los accidentes, obviando un plan de acción responsable que deberá desarrollarse para revertirlos.

No es casualidad que el deseo de linchar al mensajero sea una conducta típica de aquellos que quieren mantenerse en su zona de comodidad, alabando diagnósticos complacientes y rechazando aquellos que retan y cuestionan su desempeño obviamente mejorable.

La parte importante es que los hechos siempre serán más fuertes que las palabras; y al final, se terminará entendiendo —por repetición o por impacto—, cuando toque el remplazo de la persona en el puesto, ante la incapacidad de comprender lo lejos que andaba su percepción de la terca realidad.

En Portugal dicen con razón que tu amigo verdadero es quien te lleva las malas noticias.

19-febrero-2013 / El Nuevo Diario

17. Accidentes de trabajo

Cuando se piensa en los gastos de un accidente de trabajo, frecuentemente se hace de una manera superficial. Numerosas compañías y empresarios piensan que estos eventos son "un costo más de hacer negocios", pero simplemente porque no se analizan en forma profunda sus verdaderas implicaciones.

Detrás de cada dólar gastado visiblemente en un accidente laboral, hay entre 10 y 25 dólares que no se ven, pero que se gastarán con certeza; estos son los llamados *costos implícitos* o *gastos indirectos*.

Si usted tiene un accidente en el cual un trabajador se lesiona, aparte de los gastos directos (costos explícitos) que tenga que hacer, tales como gastos médicos no cubiertos, reparación o reemplazo de equipos, vehículos o maquinarias, entre diversos, habrá otros que también le golpearán inmisericordemente, tales como los indirectos que son los costos de la producción perdida y retrasada, el reentrenamiento de personal, los costos del personal de reemplazo, el tiempo y dinero de la investigación del percance, la pérdida de eficiencia productiva, altas erogaciones legales, tiempo extra, salarios perdidos, competitividad disminuida, oportunidades de negocios canceladas, primas más altas de seguros, entre otros más.

Todos estos sin considerar el deterioro en la imagen corporativa, —porque quiéralo o no— un accidente laboral evidencia una empresa en crisis; cuya gerencia no quiere o no es capaz o no sabe cómo controlar variables operacionales críticas, exhibiendo un reflejo nítido de la vulnerabilidad ante su competencia, una muestra de su no-confiabilidad relativa, afectando su capacidad para vincularse con otras empresas.

A veces estos aspectos no se conocen detalladamente, porque algunas empresas viven en una superficialidad feliz por las utilidades temporales, o en la inmediatez del día a día, o simplemente, porque nadie puede conocer y actuar sobre lo que aún no sabe.

El dinero gastado en un accidente laboral son los fondos más caros que hay, porque eran utilidades que ya estaban en nuestros bolsillos, y que ya no regresarán jamás.

Hoy la mayoría de las legislaciones internacionales señalan responsabilidades penales personales sobre casos en los cuales podría determinarse negligencia criminal, al conducir operaciones que demostraron ser altamente riesgosas, y que individuos en específico, fallaron al no tomar las medidas preventivas adecuadas para haber evitado un accidente fatal.

A esta fecha en el sistema penitenciario de EE. UU. se encuentran *vacacionando* un aproximado de 2500 exejecutivos, debido a que fueron encontrados responsables de negligencia criminal en percances que provocaron graves lesiones y/o fatalidades en colaboradores y terceros.

¿Qué se debe hacer entonces?

a) Invierta continuamente en prevención, la seguridad no es un gasto, sino la mejor inversión posible.
b) Entrene permanentemente a su personal en identificación y manejo de riesgos.
c) Conduzca frecuentemente inspecciones y auditorías de seguridad.
d) Provea un entrenamiento serio en seguridad a todo su personal.

e) Involucre sin excepción a todas las gerencias del negocio.

Hay mucho que se puede hacer, pero siempre dependerá de la voluntad de los altos ejecutivos de la empresa, y quiérase o no, al igual que los méritos por las utilidades generadas en un ejercicio económico; los costos y las consecuencias de los accidentes de trabajo serán siempre hijos de quien tiene el salario más alto de la planilla.

31-enero-2012 / El Nuevo Diario

18. Investigación de accidentes

La denominación de *incidente* es la forma correcta para referirse tanto a aquel evento que causó una pérdida —daños materiales, lesiones o muerte— y también, para el acontecimiento anómalo que, por cierta variante de circunstancias, no generó pérdida o consecuencia alguna, pero que sí tuvo todo el potencial para hacerlo.

La razón por la cual se debe usar ese término es porque los dos eventos —aunque con diferentes resultados— tuvieron las mismas causas raíces, aunque una variante entre las circunstancias de ambos.

Cuando ocurre una situación que genera lesiones o pérdidas materiales cuantiosas, es importante entender cuáles son las verdaderas causas raíces que están detrás.

No solamente estamos en la obligación de investigar, sino también analizar sus causas y factores contribuyentes para evitar su repetición y, asimismo, divulgar las lecciones aprendidas.

Por ejemplo, si ya ocurrió un caso en el cual una caja cayó una vez desde un estante y no hubo consecuencias, se puede decir que fue un evento no planeado —suponiendo que no causó lesiones a nadie.

No obstante, no podemos decir que sea un *"accidente"*, puesto que solamente cuando no disponemos de mecanismos de control sobre las causas raíces —que es obvio que sí teníamos—, es entonces cuando podríamos calificar al evento como un verdadero *"accidente"*.

El 96 % de las causas raíces de estas situaciones que —reitero técnicamente deben denominarse *incidente* y no accidente—, tienen su

55

origen en acciones humanas que fueron efectuadas probablemente con negligencia, falta de previsión, procedimientos de trabajo deficientes, prácticas operativas contraproducentes, ausencia de un entrenamiento o formación inadecuada, poco involucramiento o interés de la gerencia, falta de supervisión, o, supervisión inapropiada, entre otras.

En consecuencia, no hay incidente donde las acciones u omisiones de la gerencia general y/o gerencias funcionales, no tengan una correlación directa con los resultados; entre estas podemos encontrar como causas: no imponer firmemente las reglas de trabajo, la falta de liderazgo efectivo en seguridad, el proceso de adquisición de equipo con diseños o características de operación inseguras, etc., las cuales todas hacen que se pueda tener la receta perfecta para un incidente serio.

También cuando las gerencias omiten calibrar la opinión de su personal mediante encuestas de percepción de seguridad, es entonces como vivir en un estado de ceguera, en el cual no existe retroalimentación válida sobre la efectividad de las acciones correctivas o preventivas a formularse.

La organización transita de crisis en crisis, se ejecuta sin planificar, y lógicamente, los resultados son los que se obtendrían al disparar en la oscuridad, sin conocer dónde está el objetivo.

No deja de llamar la atención que frecuentemente las gerencias —muy a propósito—, permanecen cómodamente en esta incertidumbre buscada, más que lo que las circunstancias las obligan a permanecer en ella, ya que algunas cabezas organizacionales estiman que a menudo conviene mejor no tener que lidiar directamente con retos en los cuales, en última instancia, como solución probable se hará necesario un cambio radical en la cultura; relevando a un liderazgo ficticio por uno que sea verdaderamente transformacional. Ese es un pavor permanente en algunas altas direcciones.

Se deben eliminar las prácticas de trabajo basadas en incentivos contraproducentes, los cuales más bien tensionan gravemente el factor seguridad operacional.

La prevención debe ser vista como un valor y un objetivo en sí mismo, y jamás debiera colocarse como subalterna de cualquier otro imperativo organizacional.

Entender la cadena de causación de un incidente implica tener el valor de ver nuestra propia foto desde todos los ángulos, y el alineamiento que el personal percibe entre lo que decimos y lo que hacemos, ya que el estilo de liderazgo más efectivo —hoy y siempre— es el que está basado en el ejemplo.

17-julio-2012 / El Nuevo Diario

19. Operación segura de montacargas

Los factores críticos de éxito para operar un montacargas no solamente tienen que ver con la habilidad, sino con las reglas de manejo defensivo para no tener un accidente

Los percances con estos equipos son muy frecuentes en Nicaragua. Muchos de ellos no se reportan o simplemente quedan dentro de las instalaciones de las empresas, pero no por eso se reduce su severidad y sus peligrosas consecuencias.

Muy al contrario de lo que algunas personas piensan, operar un montacargas es una responsabilidad muy seria. Por la capacidad de carga que manejan, un equipo de estos en promedio de ocho toneladas de peso puede causar daños irreversibles a una persona y/o pérdidas materiales elevadas.

Estos equipos utilizan un sistema de suspensión de tres apoyos que permite mover su centro de gravedad, lo cual aumenta la probabilidad de volcadura. Además, este centro de gravedad se mueve dependiendo de la carga y su colocación. Y para más cuidado, también este punto se desplaza cuando el equipo gira, frena o acelera.

Existen reglamentos internacionales que tienen requerimientos estrictos para la operación, mantenimiento e inspección periódica de estos equipos. La situación que se presenta es que en nuestro país algunos operadores de estas maquinarias han sido formados en la más pura improvisación y empirismo.

Lo más preocupante es que es muy común entre los operadores un desconocimiento notorio en temas fundamentales, tales como las leyes físicas que rigen el balance y las capacidades de estas poderosas herramientas.

Los operadores necesitan ser formados profesionalmente y conocer todas las reglas de manejo, así como las responsabilidades claras de todas las partes interesadas: propietario del equipo, operador, mecánico, personal administrativo, de mantenimiento, y el fabricante.

En otros países, la licencia de operación de estos equipos es obtenida hasta que el conductor aprueba rigurosos exámenes técnicos que tienen que ver con la formación integral en temas mecánicos, operacionales, de inspecciones, así como en su adecuada limpieza y mantenimiento, quedando bajo una violación punible el hecho que cualquier persona que no tenga su licencia al día pueda operar este equipo.

Los accidentes más frecuentes tienen que ver con los golpes y daños a las cargas con las horquillas —las cuales terminan afilándose con el uso y desgaste natural—; impacto y atropellamiento de peatones, compresión de personas contra los racks o estantes, impacto y colapso de estantería, caída del equipo por los bordes de los muelles de carga, y algunos otros como cuando se operan en ambientes cerrados, y si el equipo funciona con combustible fósil, el riesgo de asfixia con monóxido de carbono puede ser letal y múltiple. La lista de accidentes no es exhaustiva; existen numerosos otros actos inseguros que potencian la ocurrencia de accidentes severos.

Existen reglas cardinales de seguridad que deben ser impuestas con vigor —y su violación sancionada estrictamente— en las instalaciones donde se operan estos equipos, así como el establecimiento de rutinas calendarizadas o por horas de uso para hacer las revisiones mecánicas y mantenimientos mayores según corresponda con lo estipulado por el fabricante.

¿Cuán capacitados están los operadores de estos equipos en su empresa?

23-octubre-2012 / El Nuevo Diario

20. Más sobre montacargas

Hemos recibido numerosa correspondencia sobre nuestra columna anterior relacionada con los montacargas. Tanto en el seminario que condujimos sobre *Operación Segura de Montacargas*, así como en nuestro correo, la pregunta más frecuente de la audiencia fue: *"¿por qué no se invitó a esta formación a los supervisores, personal de Mantenimiento y Producción?*

Respondimos que la decisión de quién participa en un seminario se toma en las instancias internas de cada empresa, y que no lo decide la firma contratada para conducir la formación.

Los temas de montacargas no solamente tienen que ver con los operadores, quienes llevan a cabo una labor delicada y de altas habilidades, sino también con todos los que con sus acciones u omisiones pueden hacer que el equipo tenga una confiabilidad operativa superior, o deficiente, o también a que por *"ahorros"* malentendidos o por compromisos o *"estímulos"* de compra por proveedores de repuestos no legítimos, pueda causarse también un accidente grave —o en el menor de los casos—, fallas operativas y deterioro de la vida útil de estas poderosas herramientas.

Algunas preguntas formuladas por los capacitadores a la audiencia durante el seminario que impartimos tuvieron respuestas inconsistentes; entre ellas, las horas de servicio estipuladas para los mantenimientos *M1, M2, M3* y *M4*.

En algunos casos, las hojas de control que se supone llevan los encargados de Mantenimiento, se comprobaron ser inexistentes, o bien, se efectúan solamente cuando alguien se acuerda, pero no como un proceso normalizado.

Otros aspectos abordados tienen que ver con las estadísticas internacionales sobre accidentes con estos equipos, en donde el 14% de las fatalidades son provocadas por golpes con la carga.

Apuntes adicionales para tomar en cuenta son los siguientes:

a) Saber que el montacargas es más inestable cuando va sin carga.

b) Las cuchillas deben tener al menos 2/3 de la carga a izar.

c) Las placas de capacidades deben estar en español; entenderlas y seguirlas es fundamental para evitar accidentes.

d) Las cuchillas no deben elevarse más de 10 centímetros cuando se lleva carga.

e) Carga no *paletizada* o irregular, estiba inadecuada, estrobos inexistentes, problemas de visión del operador, son causas muy comunes de accidentes.

f) Las presiones de producción, la prisa operacional inducida por la supervisión al operador, la falta de planificación, entre otros, son los factores más comunes de accidentes serios.

g) Cuando no hay suficiente visibilidad, es mejor manejar en reversa. El equipo está técnicamente adaptado para esta eventualidad.

h) La carga se debe levantar únicamente con el equipo detenido, lo mismo que el movimiento del mástil.

i) Deben aprenderse las técnicas de aseguramiento interno en caso de una volcadura del equipo. La vida depende de ese conocimiento.

j) Hay que usar equipo de protección personal dentro del montacargas. Está comprobado que el cinturón de seguridad y los soportes laterales salvan vidas.

k) Las intoxicaciones con monóxido de carbono pueden ser fatales cuando se trabaja en espacios confinados (dentro de contenedores) y los montacargas son accionados por combustible fósil.

l) 7% de accidentes ocurren en plataformas de carga.

m) 40% de los accidentes involucran peatones; de estos 18% de los casos son fatales.

n) 12% de los accidentes son el resultado de la imprudencia de personas que usan el montacargas como transportador personal.

o) Las modificaciones y alteraciones no autorizadas al equipo para darle más capacidad destruyen la confiabilidad operativa del mismo, provocando accidentes.

Ojalá que estos aspectos resulten valiosos para usted.

30-octubre-2012 / El Nuevo Diario

21. Accidentes de tránsito: debate obligado

El revelador análisis realizado por el Instituto de Estudios Estratégicos y Políticas Públicas (*IEEPP*), *"Accidentes de tránsito, una problemática de salud pública y su incidencia en la seguridad vial"*, es necesario como inicio de un debate constructivo y serio sobre esta epidemia que se ha posicionado como primera causa de muerte en esta anestesiada sociedad, para evitar darle la misma respuesta de la indiferencia y resignación; mentalidad fatalista del *ethos* social nicaragüense.

Las estadísticas de ese sólido estudio son alarmantes, si consideramos que además del dolor, hay que sumarles la pérdida de capacidad productiva y talentos, aunado a la externalización de todos estos gastos hacia los dependientes de la persona accidentada, y en general, a toda la economía.

Para 2011, según el estudio, murieron un promedio mensual de 51 personas, siendo peatones el número de peatones tres de cada 10 fallecidos. ¿Existe una enfermedad epidémica con un récord similar?

Lejos de hacer un refrito de ese importante documento, es preciso abordar ciertas singularidades que, por contradictorias y sorprendentes, son un producto orgánico de nuestra idiosincrasia.

La primera peculiaridad es que a pesar de que el alcohol está presente en un porcentaje sustantivo —entre el 20 % y el 50 % de los accidentes—, la Policía no lleva esos registros, sino que aplica su visión particular de que se originan más bien por "no guardar la distancia", como causa de dichas fatalidades, entre otras, que más bien son efectos superficiales de física elemental, pero que están lejos de ser las razones verdaderas del problema.

Existen naciones con ordenamientos jurídicos robustos y con voluntad decidida de cambiar las cosas, las cuales han hecho progresos envidiables —como Colombia—, no solamente en reducir esta epidemia, sino también, en concientizar efectivamente a su población, mediante una combinación creativa de medidas legales, administrativas, y educativas no convencionales.

Otra singularidad es que las penas aplicadas en Nicaragua no guardan una proporción justa con el delito cometido, especialmente, cuando la persona que conduce alcoholizada comete homicidio.

Esta condición que es un agravante de la responsabilidad en cualquier sociedad —aquí es más bien un atenuante—, siendo un fenómeno verdadero que estos asombrosos contrasentidos ocurran solamente en la increíble Nicaragua.

La conducción alcoholizada debería ser penalizada mediante sentencias severas, y en caso de homicidio al volante, impulsada penalmente como un verdadero agravante; y no como ocurre actualmente, en que la persona homicida al día siguiente está tranquila en su casa bajo la payasada del *pseudo-arresto* domiciliar y el arreglo de pago.

Las causas de los accidentes en Nicaragua son muy sencillas; no se requiere ser un filósofo/a para entender, que provienen de la misma matriz que ha parido y sigue pariendo todas nuestras desventuras: el desprecio absoluto por las leyes —conducta promovida desde la más alta autoridad política—, por lo que nunca entonces va a haber motivación o coerción efectiva para que el ciudadano común y corriente sea estimulado a cumplirlas.

Otra paradoja tiene que ver con los pésimos ejemplos que la misma policía hace gala. Fíjese usted la próxima vez que vea un vehículo/moto policial circular; pareciera que *la orden del día* es violar todas y cada una de las regulaciones que ellos mismos deberían hacer cumplir; no hay regla que les aplique, entonces carecen también de fuerza moral para hacer cambiar de actitud a los conductores/as, cuando al parecer, sus acciones sancionatorias y de multas están dirigidas selectivamente hacia los particulares quienes no son ni buseros, ni taxistas, ni individuos que portan la bandera o placa de un partido político. Al resto de personas, se les destaza económicamente mediante violaciones ficticias o amañadas, con la frase cajonera: *"sabe por qué lo estoy deteniendo, ¿verdad?"*

Estas prácticas parecen ser una verdadera restitución de "derechos salariales" para los mismos policías, cuando a su gorda vista y gusto, los conductores de transporte colectivo público y privado —incluyendo los *intermortales*— efectúan toda suerte de violaciones con total impunidad, siempre con los agentes policiales haciéndose los locos y disfrutando su patente de corso para imponer multas inverosímiles que no dejan ni la menor oportunidad de ser impugnadas, puesto que dicho trámite abrumador —además de desincentivar al más paciente—, carece de un elemental proceso lógico e independiente para ser revocado: el juez es la misma policía.

La queja ciudadana por semejantes abusos es ignorada y ellos se siguen cebando en los conductores de ese débil, pero abundante nicho de mercado de quienes no tenemos padrinos, ni operadores políticos o membresía del partido.

El Salvador y Costa Rica han puesto en vigencia legislaciones especiales de tránsito, con penas ejemplares acorde con las circunstancias, además de adoptar tecnologías costo/efectivas y medidas administrativas, que han logrado reducir notoriamente los accidentes.

Las cámaras de control de tráfico que infraccionan en forma automática, es un recurso que está al alcance de cualquier autoridad regulatoria; además, ahora funcionan con energía solar.

En esos países el servicio de grúas para descongestionar las áreas restringidas es totalmente concesionado; operadores privados hacen cumplir la ley, bajo licencia y supervisión de la misma autoridad. La instalación de cepos y bloqueos a vehículos infractores es también licitada escrupulosamente.

La tercerización de los servicios profesionales de verdaderos reguladores de tránsito es una medida efectiva puesta ya en vigencia con éxito por numerosos países.

Aquí no puede ser más obvia la falta de voluntad o creatividad policial, pero especialmente notorias, la insensibilidad y miopía para aceptar que sus limitaciones de gestión no pueden seguir siendo maquilladas, ni que las disparatadas afirmaciones que hacen, sigan siendo creídas por el público sin ellos tener una gran responsabilidad, puesto que no son más que una muestra de su inveterada compulsión de querer siempre confundir los efectos con las causas.

3-enero-2013 / El Nuevo Diario

22. Rendimiento sobre la capacitación

El proceso de formación de competencias es muy amplio, y empieza desde la selección y reclutamiento en una empresa; prosigue con una debida inducción de la persona —enseñarle cómo se hacen las cosas en nuestra compañía—, continúa con un método de capacitación en el puesto, y se mantiene con los debidos refrescamientos periódicos de esas habilidades claves de la posición.

En el área de seguridad operacional, es importante medir la rentabilidad —es decir, la utilidad, el rendimiento, la tasa interna de retorno o *ROI*— de las capacitaciones al personal.

Un estudio de 15 países de la *Organización para el Desarrollo y Cooperación Económica* (OCDE), estima que la capacitación del personal hace que existan mejoras directas en la productividad, mayor flexibilidad de la fuerza laboral, ahorros sustantivos en materiales y costos de capital, calidad superior del *productoservicio*, además de personas más motivadas a realizar su trabajo.

Recientemente en EE. UU. fue revelado un estudio en el cual se dejó en claro que casi 17 mil millones de dólares son desperdiciados por las empresas en capacitaciones innecesarias o inefectivas.

No obstante, hechos probados, en Nicaragua algunas empresas son reacias a dedicar recursos para la debida formación de competencias en el área de Seguridad Operacional. Se piensa erróneamente que estas habilidades por lógica deben aflorar solas, con poca o ninguna estimulación por parte de la gerencia.

Algunos problemas no se abordan por pereza mental, pero es claro que deben someterse a un marco de análisis para determinar los alcances de los perjuicios que causan, para así reorientar los esfuerzos, reemplazar factores y dedicar recursos valiosos para solucionar estas disfunciones organizacionales.

Aparentemente, también en nuestro país la capacitación es el área en donde hay menor o ninguna rendición de cuentas, o retorno sobre la inversión por parte de las empresas. La filosofía de *"hay que gastar el presupuesto de capacitación, no importa en qué"*, es un error mayúsculo.

Para el caso de la formación y desarrollo de competencias, es necesario que podamos desarrollar la simple fórmula

Retorno = (Beneficios / Inversión) x 100

Para esta instancia, los *Beneficios*, estarían conformados por los ahorros derivados de una estimación en las reducciones de accidentes, las mejoras en la productividad, o bien, en la prevención de fallos críticos, así como en la disminución de las horas perdidas por ausencias del personal; la minimización del reproceso de productos y de quejas por servicios, entre otros. Obviamente, habrá que salir a *"bucear"* estos números.

Para el factor *Inversión*, este consiste no solamente en el dinero que sale de la bolsa por los honorarios y otros costos por la contratación del capacitador, sino que incluye también el monto por el transporte o desplazamiento del personal a ser formado, los materiales didácticos, el tiempo invertido por los colaboradores, la plantilla de reemplazo, los apoyos o actividades de soporte —entre otros costos de oportunidad— que también habrá que rastrearlos, pero que son más fáciles de identificar que aquellos incluidos en los *Beneficios*.

Del balance de esta ecuación, usted podrá obtener el *Retorno* o efectividad de su inversión en capacitación de una manera simplificada, pero que al menos le ubicará en una medida de utilidad para concluir si los capacitadores que usted dispone, así como del nivel del aprovechamiento del personal, requieren ajustes o reemplazos para aumentar su tasa de rendimiento, la cual no debería ser menor a lo que usted acepta como rango mínimo para el resto de su portafolio de inversiones.

28-agosto-2012 / El Nuevo Diario

23. Termina un ciclo

Para estos días en que el jolgorio y las festividades dan lugar a cierto sentido de evasión de la realidad, es preciso recordar que la principal razón de esa división del tiempo es evaluar bajo este ciclo de doce meses, los resultados alcanzados, tanto personales como profesionales, y especialmente, lo que nos falta por lograr en el ámbito de la seguridad operacional.

Primero, debemos recordar nuestra propia vulnerabilidad personal para estos días, en la que hay aparentemente licencia y permisividad absoluta para embriagarse y hacer un desborde de emociones de toda índole.

Vemos con tristeza los accidentes ocurridos en las últimas horas. Al momento de escribir estas líneas, están aún tibios los cadáveres resultantes de la irresponsabilidad y la falta de valores personales, en el accidente de Carretera a Masaya, en donde fallecieron tres personas con vidas valiosas, como la suya o la mía, en el sentido de tener personas dependientes.

Es preciso saber que la plaga en que se ha convertido la muerte en nuestras carreteras es un tema que requiere, primero que todo, el cambio personal; la conciencia de la necesidad de nuestra propia reforma interior, ya que en Nicaragua *"el complejo de Supermán"*, el *"a mí no me va a pasar porque soy más vivo que cualquiera"*, es la mentalidad que está detrás de cada tragedia.

No es el alcohol el problema, sino el concepto del *otro*, del prójimo, de la persona a quien podemos afectar; esa noción no existe en nuestro ADN.

¿Estamos haciendo lo suficiente para ser buenos ejemplos que seguir para las personas que nos rodean?

Quiérase o no, somos parte de un conglomerado en donde nuestros ejemplos valen mil veces más que nuestras palabras más sentidas.

En las empresas hoy mismo debemos iniciar una lista de aquellos logros alcanzados, de cuántos retos operacionales conquistamos, cuán efectivos fuimos en poner la prevención como el valor fundamental, que no es más que colocar la vida de primero; pensar en que siempre hay valores de mayor trascendencia que la temporalidad.

Debemos ver con un prisma positivo aquellos objetivos y prioridades que no hemos alcanzado aún; auto diagnosticarnos, determinar qué nos faltó; si acaso fue tiempo, enfoque, recursos —o en el peor de los casos—, si fue un asunto de pura voluntad y decisión, puesto que, si fue así, implica entonces que debemos trabajar urgentemente en reformar esas debilidades de carácter, para dotarnos de ventajas comparativas en el nivel empresarial y personal.

Se piensa erróneamente a veces que la inversión en capacitación es un gasto —y en ocasiones verdaderamente hasta puede serlo—, pero solamente cuando esta se ejecuta con un enfoque equivocado.

Elabore usted entonces una lista de las competencias y habilidades que su personal requiere verdaderamente —no aquellas que se hacen por agotar un presupuesto o aportación patronal— y desarrolle un programa con fechas específicas.

Pregunte a sus colaboradores sobre cuáles áreas requieren ellos perfeccionar; qué situaciones les están afectando en su gestión de seguridad operacional; invite a un debate abierto sobre las prioridades para 2013.

No deje de solicitar ideas, pues el factor participación es el motivador más poderoso para quienes trabajan con usted.

8-enero-2013 / El Nuevo Diario

24. Sobre los enfoques equivocados

¿Qué causa que el personal ignore la Seguridad Operacional (SO)? Esto se preguntan las gerencias preocupadas por el alto nivel de accidentalidad en algunas empresas.

Se pueden generar respuestas equivocadas cuando se trata siempre de transferir responsabilidades a los empleados sobre la ocurrencia de accidentes. Según *DuPont*, una de las compañías con el mejor récord de seguridad en el mundo —acaso la primera— sostiene que al menos el 96% de los accidentes ocurren no por distracción o por un hecho aislado, sino por una falla en más de un sistema de gestión.

Las veces que ocurre un accidente es por causa de sus mismos precursores; es decir, por aquellas actuaciones u omisiones en las que se dejó al azar la corrección de una causa raíz, o bien, que las recomendaciones efectuadas no fueron verificadas y validadas adecuadamente por los mismos empleados.

Una compañía de distribución tiene una amplia flota de motociclistas que realizan labores de entrega, cobro y gestiones en nuestra caótica capital.

La accidentalidad se ha disparado desde 3 hasta 5 accidentes al mes, luego ahora a más de 8; algunos de los cuales han tenido consecuencias desde muy serias hasta fatales.

No obstante, la filosofía gerencial es la misma. El proceso de selección y reclutamiento sigue siendo el mismo, la capacitación es inexistente, la supervisión sobre las actuaciones inseguras de estos motociclistas es la misma: la realidad es más bien una pesada indiferencia.

No existen procesos de verificación que puedan retroalimentar a la gerencia sobre las conductas de los repartidores mientras hacen su trabajo —y lo que es peor— tampoco un enfoque autocrítico sobre sus propias disposiciones administrativas, que son precursoras de accidentes.

Curiosamente, cuando ocurre un accidente la empresa entra en un estado de alarma con las mismas consabidas y urgentes reuniones, idénticas sesiones de *"coaching"* que no llevan a nada, así como los creativos eslóganes que se gritan a viva voz, juntamente con los bailetes coreográficos colectivos del personal, alusivos a la prevención. Es la locura colectiva con el máximo entusiasmo.

Sin embargo, los resultados empeoran notoriamente y la gerencia siempre cree que son los motociclistas quienes se sienten de alguna manera motivados a ignorar la seguridad.

Es singular que el último rubro que la gerencia no ha analizado son las disposiciones administrativas del trabajo del motociclista. Cada uno tiene un tiempo "estándar" invariable por zona en cuyo desarrollo y oficialización de este, ninguno de ellos participó.

Existen también multas monetarias por tiempo de entrega fuera de estándar, así como un boletín de calificaciones que destaca a los *campeones en entregas a tiempo*. Además, el reclutamiento tiene la filosofía de contratar a los conductores más jóvenes, porque se supone son más rápidos.

¿Manejo Defensivo para motociclistas?

«No, gracias. No lo necesitamos, porque cada uno sabe lo que tiene que hacer para evitar un accidente», es invariablemente la respuesta de la gerencia.

¿Verificación del estado mecánico de las motos?

«No son nuestras, son de cada conductor».

¿Supervisión efectiva?

«No podemos ponerle un ángel de la guarda a cada motociclista».

Saque usted entonces sus propias conclusiones.

Diciembre 2012 / El Nuevo Diario

25. OHSAS 18001

Así como se han desarrollado sistemas de gestión de calidad, la seguridad operacional tiene también sus propios sistemas de gestión. En este caso, es la norma *OHSAS 18001*, cuyo acrónimo es *Occupational Health and Safety Assessment Series*, que fue la primera guía para asistir a los directores, gerentes y profesionales en el área de seguridad operacional y salud ocupacional, en el desarrollo y cumplimiento de procedimientos y prácticas de referencia, para que estos conceptos puedan ser manejados con el mismo grado de experticia y de estandarización que el resto de las actividades de negocio.

Estos sistemas están basados en los conceptos de gestión de la calidad, tales como el *PHRA* (*planificar, hacer, revisar y actuar*) y promueven los conceptos de políticas, organización, planeamiento, medición y auditoría del desempeño, como los elementos claves que son contribuyentes a un exitoso gerenciamiento de los sistemas de seguridad operacional y salud ocupacional.

Desde 1991 *OHSAS 18001* ha sido revisado continuamente, y es ahora totalmente compatible con los sistemas *ISO 9001* y *14001*, para facilitar el concepto de integralidad o unificación de los sistemas de calidad, gestión ambiental y salud ocupacional.

Algunas personas que trabajan en la implementación y gestión de los sistemas *ISO* piensan que *OHSAS 18001* es un producto de alguna forma "*exótico*" o hasta innecesario; ya que bastará la gestión de la calidad y de los aspectos ambientales de *ISO* para cubrir los temas relativos a la seguridad operacional, siendo ese pensamiento muy poco informado o simplista, ya que si se revisan las mejores prácticas internacionales, *OHSAS 18001* es implementado y gestionado principalmente por las empresas que tienen ya en práctica los sistemas *ISO*.

¿Qué abarca *OHSAS 18001*?

Todos los aspectos operacionales que tienen como denominador común prevenir errores, omisiones y otros actos que pueden dar como resultado un costo no programado expresado como un accidente.

Este tipo de anomalías se traduce en una lesión o muerte a una persona, que conlleva también eventuales pérdidas materiales. Todo esto tiene un impacto negativo en las utilidades, sin contar con los deméritos en la reputación corporativa, entre otros perjuicios, que pueden sacar del juego a una empresa.

No obstante, hay un hecho obvio de que la seguridad operacional es un macrosistema en sí mismo, aunque algunos autoproclamados gurúes de la calidad y temas conexos traten de degradar los tópicos de seguridad operacional, queriéndoles reducir a simples subsistemas de los procesos de gestión de la calidad y medio ambiente.

Si así fuese de sencillo, entonces no hubiese existido justificación para el desarrollo y adopción de este sistema de gestión, que está siendo adoptado por miles de empresas de clase mundial desde 1991.

¿Cuáles entonces son los elementos que disparan la decisión de una empresa para implementar OHSAS 18001?

Precisamente, aquellos que están en esa zona gris que circunda todos los procesos de calidad y de gestión operacional dentro de un negocio; los que a simple vista no requieren un manejo especial, pero que, en un momento del tiempo, su criticidad obliga a emplearlos a fondo dentro de todos los procesos de una empresa, con mucho más énfasis, en aquellas organizaciones de alta confiabilidad operativa.

Estos elementos quedan revelados claramente cuando ocurre un accidente operacional significativo.

3-julio-2012 / El Nuevo Diario

26. ¿Contratistas competentes?

En las empresas es cada vez más fuerte la tendencia de *tercerizar* los trabajos, y especialmente las actividades que involucran peligros y que pueden llevar a un incidente con lesiones, o bien, a una fatalidad.

Es importante hacer una reflexión sobre las competencias profesionales de esas compañías, ya que si se ignora felizmente las implicaciones que puede tener un percance, veremos entonces que lo ayer se pensó que era una ventaja por costos, hoy se convirtió en una grave obligación real que puede llegar a tener implicaciones legales muy serias.

La Ley General de Higiene y Seguridad del Trabajo en su arto. 9 afirma que el empleador tiene la obligación de exigir a los contratistas y subcontratistas —aquellos que son contratados a su vez por el contratista principal— el cumplimiento de las obligaciones legales en materia de Higiene y Seguridad, ya que, de lo contrario, el empleador se convierte automáticamente en *responsable solidario* por los daños que se produzcan por el incumplimiento de esa obligación.

En algunas empresas, incluso muy grandes, se prefiere vivir cómodamente en una aparente felicidad derivada del desconocimiento de la ley y sus consecuencias, no obstante, que sobre ella nadie puede alegar ignorancia, siendo este un precepto legal *urbi et orbi*.

Previo a emplear a una empresa contratista, usted no debe cerrar los ojos confiadamente para no verificar físicamente lo que puede a

80

usted salvarlo de eventuales responsabilidades legales, incluso personales, en caso de una eventualidad.

Usted no debería correr riesgos con este tipo de *Contratistas Maruchán*, a los cuales se les agrega un andamio, una escalera y un taladro; y *voilà,* le dicen mágicamente que pueden ejecutar cualquier tarea, tal cual profesionales instantáneos.

Una compañía que contrate a otra para efectuar este tipo de trabajos deberá —al menos—, verificar fehacientemente la siguiente documentación:

a) Inscripción del personal en el INSS
b) Formación profesional o técnica de los supervisores
c) Políticas de Seguridad, Salud, Medio Ambiente
d) Procedimientos operativos de las tareas de alto y mediano Riesgo
e) Acta de entrega de equipos de protección personal a sus colaboradores
f) Actas de entrenamiento al personal
g) Formación del personal que conduce los entrenamientos /formaciones
h) Charlas de seguridad relacionadas con los procedimientos de trabajo
i) Pólizas de seguro por accidentes
j) Procedimientos de investigación de accidentes y ejemplos
k) Resultados de autoinspecciones y de auditorías de Seguridad
l) Políticas disciplinarias
m) Resultados de pruebas de alcohol y drogas
n) Plan de manejo y de respuesta ante las emergencias

Estos puntos deberían ser incorporados al contrato de trabajo. Muchas empresas toman la decisión de la contratación solamente por el precio de los servicios, sabiendo de antemano que es un acto sumamente irresponsable buscar ahorros a costa de la inseguridad, la improvisación, la falta de pericia y prevención, así como por las bajas competencias profesionales de una compañía contratista.

La empresa contratista junto con usted será también responsable de garantizar unas operaciones sin fallas, que no solamente cuiden del propio personal, sino también de su buena reputación como empresa y personas éticas y responsables.

¿Cómo anda la gestión de contratistas en su empresa?

29-mayo-2012 / El Nuevo Diario

27. Del personal contratista

La mayoría de las veces, las empresas contratistas para trabajos de mediano y alto riesgo, fungen meramente como proveedores de fuerza operativa, sin requerimientos adecuados a la naturaleza del trabajo, como algunos les denominan, son simples *"planilleros."*

Uno de los riesgos más significativos que existe en seguridad operacional es la exposición que resulta de tener personal contratista con bajo nivel de calificaciones profesionales.

Con certeza, el personal que se contrata en la calle, o que es provisto por estas empresas contratistas, no solamente podrían carecer de formación en el área técnica específica de prevención de accidentes, sino que —más grave aún— arrastran defectos culturales y/o prácticas inadecuadas de trabajo, que hacen que su conducta y desempeño los conviertan en los blancos más inmediatos para un accidente laboral.

El problema surge cuando ocurre un accidente y se analiza en retrospectiva el proceso de contratación de este personal; concluyéndose que había brechas, errores y omisiones, que naturalmente conllevaron a la ocurrencia de accidentes en una forma muy predecible.

Las empresas que aspiran a competir en el mercado internacional encuentran que los estándares internacionales han cambiado en muchos ámbitos. Uno de estos es precisamente la seguridad operacional y la prevención de accidentes en el personal.

Esto pasa necesariamente por el compromiso de fortalecer los procesos para que no ocurran tragedias laborales, ya que, para efectos de reputación corporativa internacional, una lesión o fatalidad que le acontezca a un contratista de menor rango es equivalente también a que si le ocurriera a la persona que funge como gerencia general.

Al no existir en el país procesos robustos de acreditación y supervisión para estas empresas proveedoras de personal contratado para trabajos de riesgo, las organizaciones contratantes —o bien omiten del todo el debido proceso de acreditación, o este se realiza de una forma minimalista—, resultando entonces que el desempeño en seguridad operacional de sus contratistas sea muy bajo, no obstante, la exposición de este tipo de personal a una lesión invalidante o una fatalidad, se mantiene siempre elevada.

A continuación, se presentan algunas sugerencias para seleccionar y auditar preliminarmente al personal contratista para trabajos de riesgo:

a) Escoja compañías con referencias creíbles de buen desempeño en seguridad.

b) Conduzca un proceso de acreditación estricto propio que asegure que la compañía contratista tenga políticas definidas de seguridad, salud y de protección ambiental.

c) Compruebe que exista soporte documental de los entrenamientos brindados a ese personal, así como una guía de procedimientos escritos para trabajos de alto y mediano riesgo, que reflejen las operaciones que ya han sido ya *"masterizadas"* por ese personal.

d) Pida que le presenten estadísticas sobre accidentes —aunque reactivas— para que usted se forme una idea del nivel de desempeño de la empresa o personas a quien está prospectando.

e) Verifique que el grado de formación de los supervisores a cargo del personal tenga un soporte técnico-profesional definido y comprobable.

f) El supervisor inadecuadamente formado —lo que antes se conocía como capataz— conlleva un riesgo de seguridad en el mundo actual en donde el supervisor debe liderar más que mandar. Muchos percances ocurren por el miedo que inspira un jefe o capataz, lo que provoca conductas anómalas en las personas a quien este supervisa.

g) Revise si las personas o la empresa contratista conduce sus propias auditorías e inspecciones de seguridad documentadas, así como la clarificación del proceso de inducción y entrenamiento inicial, sobre todo para los de nuevo ingreso, y los refrescamientos periódicos para el personal ya existente.

h) Examine si hay objetivos precisos y específicos sobre las metas de seguridad, entre otros objetivos.

i) ¿Están las compañías contratistas de su empresa bajo un proceso de auditoría interna o externa?

j) ¿Tiene usted un protocolo de evaluación para la acreditación interna de estas empresas?

k) ¿Cómo comparan las empresas contratistas de su negocio con aquellas de compañías de clase mundial?

l) ¿Quién y qué tipo de entrenamiento en prevención de accidentes es provisto al personal contratista de su empresa?

¿Prefiere no saberlo y seguir cómodamente con el desempeño actual de seguridad operacional?

13-marzo-2012

28. Seguridad sector hidrocarburos

Una herramienta de aplicación muy efectiva si se sigue con estricta disciplina es el *sistema de Permisos de Trabajo*, conocido en inglés como *Work Control Permit System,* el cual es utilizado por las compañías de alta confiabilidad operativa, como el documento por excelencia para la identificación y administración de riesgos operativos

Este es el ámbito de trabajos con altos riesgos en el cual las posibilidades son mayores de tener un accidente con lesiones y/o con pérdidas materiales sustantivas.

El personal que trabaja en este sector no solamente debe estar capacitado permanentemente en diversos tópicos, tales como: identificación y manejo de riesgos, trabajo en espacios confinados, bloqueo, cierre y etiquetado de equipos; trabajos en altura, excavaciones, comunicación de riesgos, prevención de fatiga —y un largo etcétera—, sino que debe también orientarse a cumplir con los requerimientos administrativos de seguridad operacional de estas tareas, sin la menor excepción.

El entrenamiento al personal debe manejarse como un programa de la máxima importancia en sí mismo, como un sistema vivo que se alimenta de la identificación continua de riesgos y de las situaciones de incidentes y casi-incidentes que puedan estar ocurriendo en el campo, para reorientar y elevar el nivel de conciencia del personal, principalmente el de los supervisores.

Un punto muy importante es la aplicación de las herramientas administrativas de identificación y manejo de riesgos en el día a día operacional en este sector productivo.

Un axioma en seguridad operacional afirma que nunca hay causas únicas de incidentes en el trabajo, sino que siempre se llega a identificar varias causas raíces que se conjugan, se entrelazan e interaccionan para provocar una situación que desemboca en una lesión invalidante o muerte, así como en la ocurrencia de daños materiales, pérdida por degradación de producto, o bien, incidentes ambientales variados.

En las compañías de alto perfil competitivo, y sobre todo en las empresas que manejan hidrocarburos, se requiere de un sistema de administración de riesgos que abarque a todo el personal, tanto empleado como contratista, ya que no se puede confiar en que el entrenamiento a terceros sea brindado en forma independiente o diferente de los lineamientos de la compañía anfitriona, es decir, la contratante.

El *Sistema de Permisos de Trabajo* consiste en desarrollar una especie de análisis de riesgo predefinido en el sitio de la tarea a realizar —en el propio lugar de la operación—, entre una persona que entrega el trabajo (*emisor*) y las instructivas de prevención de accidentes correspondientes; y la otra (receptor) que recibe el trabajo, verificando y analizando conjuntamente con quien le entrega, todos los peligros que puedan existir en su ejecución, así como la revisión de los elementos de seguridad, instructivas, procedimientos, entre otros documentos que sean indispensables y recomendados para efectuar el trabajo.

Su origen y diseño está basado en la idea primaria de un *documento pre legal* —y no únicamente como una herramienta predefinida para la identificación de riesgos—, asegurándose entonces el entendimiento de quien realizará la labor y de los riesgos intrínsecos de lo que se ejecutará; así como de las responsabilidades específicas de cada quién, ya que estas quedan claramente detalladas en el evento de un accidente.

Las labores típicas donde se utiliza son: trabajos en frío, en altura, trabajos en caliente, en espacios confinados, así como en trabajos eléctricos, en excavaciones; estas como una lista mínima de tareas que lo requieren.

12-junio-2012 / El Nuevo Diario

29. Encuesta de Percepciones de Seguridad (1)

Uno de los errores típicos que a veces se cometen en la administración de la seguridad operacional, es ejecutar correctamente…las medidas equivocadas. *¿Por qué?*

Algunas empresas toman acciones de modo reactivo ante la ocurrencia de un accidente. Es importante calibrar todo el entramado de variables para identificar las exposiciones que llevan a estos eventos que causan lesiones y pérdidas materiales sustantivas.

Lo que no se mide no se hace, reza un viejo adagio aplicable a todas las actividades humanas. Lo mismo ocurre para la seguridad operacional; que, si no medimos, no podemos verdaderamente tener una referencia, o un diagnóstico claro de la efectividad de las acciones tomadas. Podríamos estar disparando sin saber dónde está el blanco.

Las encuestas de percepción de seguridad proporcionan un sentido de orientación y de calibración de la efectividad de las acciones gerenciales, proveyendo la posibilidad de efectuar correcciones y mejoras "en vuelo".

Típicamente las empresas hacen mediciones permanentes sobre indicadores reactivos de Seguridad, por ejemplo, días sin accidentes, miles de horas trabajadas sin lesión, número de reuniones de seguridad, entre otros factores que son mera estadística, es decir, meramente reactivos.

Sin embargo, las gerencias fallan gravemente en efectuar mediciones de otros factores subjetivos que realmente tienen un peso determinante, entre ellos, qué tanta confianza tienen los colaboradores hacia la organización, en términos de que la alta dirección resuelva los asuntos más urgentes para los temas preventivos; cuál es el nivel de participación y libertad que tiene el personal para aportar libremente soluciones efectivas; cuál es la opinión de la generalidad de los colaboradores sobre la calidad de la gestión efectuada en estos tópicos, entre otras preguntas oportunas.

Los resultados de estas encuestas muchas veces no son sorpresa para los propios empleados, pero sí sorprende que con frecuencia extrañen a la misma gerencia, debido a la divergencia entre lo que se cree sin haber consultado la opinión del personal, y lo que estos colaboradores piensan en realidad, una vez que se les pregunta su opinión en forma confidencial.

Las encuestas de percepción de seguridad tienen un alto valor predictivo. En casos frecuentes, las opiniones conseguidas a través de ellas hubieran dado pistas y conclusiones del personal sobre el grado de relativa efectividad de ciertas medidas que fueron ineficaces para prevenir un determinado accidente, acaso repetitivo.

Otros factores que pueden calibrarse a través de estos ejercicios periódicos es la calidad de la supervisión, el nivel de confianza y comunicación entre supervisores y supervisados, la colaboración en general del grupo, la calidad de la orientación y capacitación al personal, la efectividad relativa de las comunicaciones, entre otros tópicos de valiosa percepción para corregir el rumbo.

No menos reveladores se hacen otros temas que pueden capturarse con estas encuestas anónimas, siempre que sean administradas en forma independiente por profesionales externos no-complacientes.

Estos temas pueden ser: situaciones de riesgo inminente pero que no han sido reportadas oficialmente; la calidad de las acciones correctivas y las recomendaciones implementadas; las actitudes y comportamientos que promueven abierta o veladamente la excesiva prisa operacional en detrimento de la prevención de accidentes —entre otros—, que pueden ser precursores netos de accidentes. Este sesgo debe ser investigado para evitar que sea una conducta que surja en los colaboradores como primera naturaleza —pero muy errada— de actuación.

El factor participación del personal requiere medirse libremente bajo esta metodología de encuestas, y no con las entusiastas —pero a veces tan sin sentido—, celebraciones de seguridad carentes de méritos concretos, o por supuestos logros no-correlacionados con objetivos claros de seguridad operacional.

Si el personal no es tomado en cuenta para hacer aportaciones formales sobre la administración del programa preventivo, no tendrá legitimación alguna por parte de los colaboradores, siendo entonces su cumplimiento superficial para alimentar los rituales organizacionales, pero por dentro, nada de sustancia, igual que un caracol vacío, lleno solamente de ruidos.

7-agosto-2012 / El Nuevo Diario

30. Reuniones de seguridad efectivas

Muchas veces el personal desarrolla "anticuerpos", o se muestran reacios a participar en las reuniones sean estas del comité de seguridad, o bien, de la Comisión Mixta. ¿Por qué? Porque simplemente la consideran —a veces con cierta razón— como una pérdida de tiempo.

Esto incide negativamente en los resultados obtenidos y en el desencantamiento general hacia este tópico fundamental de la prevención de accidentes.

Entonces, ¿cuáles son las causas verdaderas y qué se puede hacer para darle productividad a estas reuniones?

Según el *National Safety Council (nsc.org)* —la institución más prestigiada en el área de seguridad operacional a nivel mundial—, existen ciertas características que debemos de tener en cuenta para identificar las reuniones de baja productividad, entre estas se tiene:

a) 83% se desvía del tema a tratar
b) 77% tienen poca preparación y planificación previa
c) 74% bajísima efectividad
d) 68% nadie de la audiencia quiere escuchar nada
e) 62% señala que ciertos participantes tienen una alta verbosidad (*verborrea*), es decir, son devotos del *cantinfleo* — hablar sin parar, pero sin significar cosa alguna—
f) 60% de estas son muy largas

g) 51% tienen una ausencia notoria de las personas claves, de quienes toman las decisiones.

Uno de los vicios más grandes de hoy día es dejar entrar a las personas con sus celulares y que estas lo usen durante la reunión, ya que esto causa que estén haciendo cualquier cosa menos participando en la reunión; y más grave aún, cuando quienes tienen mayor jerarquía exhiben y legitiman ese pésimo ejemplo, lo que estimula un sentimiento de libertinaje, anarquía y de desprecio por los temas discutidos en la reunión.

Bueno, pero ¿qué es lo que busca la gente en una reunión de seguridad que se conduzca de manera efectiva?

Según la misma fuente, estos son los prerrequisitos para una junta o reunión efectiva:
a) 66% manifiesta que de previo debe definirse el propósito y la agenda de la reunión.
b) 88% espera que se les permita a todos los participantes dar su opinión.
c) 62% discutir cada punto de la agenda.
d) 59% darles seguimiento a los puntos acordados para tomar acción.
e) 47% documentar la discusión por medio de una minuta o acta
f) 46% que participe solamente el personal esencial.
g) 36% manifiesta que la agenda tenga tiempos específicos para cada tópico, y que estos lapsos no sean irrespetados.

Debe también asignarse a una persona específica que sea quien controle el tiempo para dotar de agilidad y flujo a los temas.

Administrar una reunión de seguridad tal vez sea al principio una labor un poco autoritaria, pero se debe estar claro que el efectivo control del flujo determinará la calidad de los resultados.

No permita que una pobre administración de la reunión provoque rendimientos negativos y que desmotiven al grupo.

Si usted es el encargado de la reunión, sea firme en mantener la disciplina —aún con las personas que puedan tener mayor jerarquía que la suya— ya que, de lo contrario, esto abrirá las puertas al desorden y al irrespeto de su propia imagen.

Uno de los controles efectivos es enfáticamente no dejar que la discusión se desvíe del tópico siendo discutido. Tampoco deberá tolerar digresiones o entrelazamiento de temas. No debe permitirse que se hagan "editoriales" sobre temas que sean más bien juicios de valor y no de acciones específicas a ejecutar.

No obstante, si un tópico no relacionado es considerado como importante, lo mejor que puede hacer es enviarlo al "*parqueo*" para ser discutido en la próxima reunión.

Asegúrese que las notas tomadas sean exactas para que el acta de la reunión sea distribuida rápidamente y sin errores. Una reunión de seguridad sin acta es como un vehículo sin llantas, este no llegará a ningún lado.

Asigne a una persona responsable para cada acción; establezca una fecha de ejecución que rete la *zona de comodidad*; de lo contrario se enfrentará con frecuentes reprogramaciones —entre otros efectos negativos—, que demeritarán su reputación como conductor/a de estas sesiones.

11-diciembre-2012

31. El factor participación gerencial

Durante las capacitaciones al personal de empresas, es siempre repetitiva la pregunta de los asistentes: ¿y por qué la gerencia no participa en estos seminarios sobre seguridad?

Esto provoca siempre una pausa un poco incómoda para la audiencia, sobre todo para los colegas de la empresa donde labora quien realizó la pregunta, ya que es uno de los *tabúes* o temas políticamente incorrectos, sobre lo que se estima que no se debería de preguntar.

Las respuestas pueden ser variadas, pero hay un hecho fundamental: en las escalas gerenciales se piensa que participar en una reunión de este tema es puede ser una pérdida de tiempo, o proyectarse como una debilidad o como evidente área de desconocimiento. Esto debido a que, en ciertas mentalidades gerenciales, la seguridad operacional puede ser considerada un tema subalterno.

En esa línea de pensamiento, esto pudiera restar su imagen de autoridad técnica percibida —de saberlo todo—, o eventualmente dañar su *"capital político"* dentro de la organización *vis-a-vis* otras gerencias; o finalmente, como una actitud poco elegante para un tema que se percibe sin glamur, ya que algunos puestos gerenciales se consideran a sí mismos —o piensan que sus actuaciones están (*o que deberían estarlo*) — por encima del bien y el mal.

No puede haber nada más miope que esta postura cuya equivocación es autoevidente.

Las gerencias al desconocer en forma crasa los procesos de causación de accidentes operacionales, mantienen entonces —consciente o inconscientemente—, el *statu quo,* así como la inefectividad de las acciones que, de buena fe, ellas mismas pudieran orientar para prevenir accidentes.

No obstante, al desconocer los elementos para una adecuada gestión de los riesgos operacionales, su ausencia en las sesiones de formación y entrenamiento proporcionan una libertad peligrosa que más bien promoverá conductas contraproducentes en la cultura organizacional. El hecho de no participar —o de no querer conocer sobre el tema—, posicionará a este tópico como de baja significación, o que no "puntea alto" en la agenda ejecutiva. El mensaje entonces es muy claro para el personal: *esto no es importante ya que la gerencia no participa de una manera visible.*

El factor participación gerencial es indispensable para obtener resultados positivos en seguridad operacional.

En empresas empíricas y poco organizadas —o con gerencias con modelos de gestión anticuados o basados en una pseudoimagen ejecutiva de consumo hacia dentro—, se piensa que los temas de prevención son de poco valor.

Otras mentalidades gerenciales suponen que no se debe participar debido a estar inmersas en un mal entendido protagonismo, en la supuesta toma de decisiones trascendentales (*crucialismo*), la que suele acompañar la proyección y percepción que se desea que el resto del personal tenga hacia estos cargos, siendo esto más bien a todas luces una enfermedad organizacional más.

En cambio, en las empresas con visión, ningún tema es —o no debería estar—, por encima al de la seguridad operacional. Esta se debe gestionar meticulosamente al menos al igual que todos los otros procesos productivos, como producción, ventas, finanzas, logística, etc.

Si no fuese así, justifique usted entonces por qué habría de ser diferente.

Está comprobado que quienes han degradado la seguridad operacional a una prioridad cualquiera —la cual cambia con el tiempo— terminan tarde que temprano pagando un precio muy alto, puesto que así es como numerosas y reconocidas organizaciones empezaron, y finalmente derivaron a situaciones de accidentes catastróficos, por hacer segundón un tema de importancia capital.

El problema es que este aprendizaje no acontece de la noche a la mañana. Se dice que se aprende por repetición —una serie de eventos desafortunados— o bien, por impacto, el cual frecuentemente, puede ser el único y final.

¿Dedica usted verdadero tiempo gerencial para gestionar la seguridad operacional, o este no es un tema "cool" para usted?

Contradígame, por favor.

☐

19-junio-2012 / El Nuevo Diario

32. Seguridad en la industria de la construcción

Ocurre que en todos los países —sin excepción— que este es uno de los sectores que genera más accidentes de trabajo. Sin citar estadísticas —para no perdernos en lo obvio y evidente—, Nicaragua es una vitrina de prácticas inadecuadas, observándose a diario en plena vía pública una cantidad increíble de actos inseguros y de condiciones aterradoras.

Lo peor es que de tanta familiaridad con esos hechos —a veces legítimamente circenses— es que se pierde de vista el sufrimiento por la elevada cantidad de víctimas que genera la accidentalidad en este sector.

Es muy fácil caer en la tentación de asignar responsabilidades por el deplorable estado de la seguridad ocupacional en la industria de la construcción —por lo que no lo haré—, pero hay que tener presente que quienes allí trabajan son seres humanos, y que sufren lesiones graves por caídas de otro nivel, electrocuciones, golpes con objetos que se desploman, cortaduras con herramientas, esquirlas en los ojos; en general, todo esto desemboca en una colección macabra de tragedias que dejan lesiones invalidantes en la mayoría de los casos; y en otros, fatalidades, en las que un cabeza de familia expone al desamparo a sus dependientes.

Todo esto sin enumerar las silenciosas enfermedades ocupacionales que se incuban por otra serie de prácticas perjudiciales.

Algunos propietarios/as de empresas consideran la inversión en seguridad como un simple y molesto gasto, creyendo ingenuamente que al comprar Equipos de Protección Personal (*EPP*) van a disminuir por arte de magia estos accidentes. Equivocación rotunda. El hecho de brindar *EPP* –ojalá el adecuado–, es apenas cumplir con la ley.

Algunos directivos pierden de vista que al tener accidentes se adquiere una pésima reputación con los clientes que contraten sus servicios –al salir en un periódico o noticiero como empresa productora de viudas y huérfanos– y ni qué decir de la imagen ante los propios empleados y contratistas. ¿Cómo está allí adentro la Responsabilidad Social Empresarial?

Esta conducta sin sentido, en el corto plazo, golpea directamente las utilidades, ¿o no?

Una empresa que quiera seriamente mejorar la competitividad en el sector construcción, deberá, como mínimo, emprender los siguientes pasos:

Adquiera *EPP* adecuado y certificado para los trabajos específicos, no compre baja calidad.

Provea entrenamiento serio en seguridad a su personal, especialmente a los supervisores y personal gerencial, para que comprendan la cadena de causación de accidentes y cómo liderar al personal. Si no puede usted mismo, contrate profesionales.

Sea protagonista, involúcrese, asigne recursos, ubique la seguridad ocupacional como un tema alto en la agenda ejecutiva, alinee la billetera con lo que dicen sus palabras.

Defina o desarrolle valores organizacionales. Una empresa sin un norte expresado en valores robustos vivirá improvisando y en medio de crisis continuas.

Desarrolle *Reglas Cardinales de Seguridad*, que son los requerimientos específicos de seguridad de los trabajos de mayor riesgo, y que no deben dejar de cumplirse jamás, por ninguna persona, sin excepción.

Contrate empresas contratistas que se destaquen por la seguridad.

1-mayo-2012

33. Seguridad física

Vimos cómo se perdió una vida en un establecimiento comercial a causa de las circunstancias *subestándares* de seguridad, aunada a la deficiencia o inexistencia de sistemas preventivos y de emergencia que fallaron olímpicamente, dando lugar a la muerte de este valioso joven, promesa de su familia y de nuestro país.

Una situación de este tipo debe hacer reflexionar al comercio en sí, a los servicios de seguridad contratados, a los dueños de centros comerciales donde estos establecimientos operan, y principalmente, a la Policía Nacional, puesto que es un incidente que deja en claro la necesidad urgentísima de una coordinación y supervisión obligatoria de estos comercios, en términos de la promesa de seguridad efectuada al público que concurre confiado a esos lugares.

En otros países, en específico: Honduras, El Salvador y Guatemala, se toman prevenciones más allá de lo confortable para garantizar una seguridad mínima al público.

Se efectúan obligatoriamente, no solamente detecciones electrónicas para evitar que se introduzcan armas y otro tipo de artefactos, sino que los cacheos o revisiones manuales al público que ingresa son también una norma forzosa e inapelable.

Aquí en nuestro país no hay un sentido de rigurosidad y consistencia para aplicar escrupulosamente estas medidas; primero, por el hecho que se imponen increíblemente argumentos comerciales sobre aspectos básicos de seguridad, por ejemplo, que se atrasa el ingreso de los clientes al establecimiento; segundo, omisiones debido al acceso de personas dizque "VIP", sobre las cuales el mismo personal de seguridad omite hacer las revisiones para no ser reprendidos por sus supervisores.

Nada más importante que realizar una aplicación consistente de las rutinas preventivas de seguridad, y hacer valer el derecho de admisión en forma consistente y efectiva.

En otros países, algunos establecimientos tienen prohibición expresa de acceso a personas que han estado involucradas en situaciones de violencia, lo cual es una causal perfectamente válida y preventiva.

Estos establecimientos deben desarrollar procedimientos operativos eficaces sobre qué hacer en determinadas situaciones para que se evite un hecho como el ocurrido, así como tener un Plan de Emergencia por escrito y ensayarlo rigurosamente, incluyendo la realización de reuniones semanales sobre seguridad para discutir resultados.

La capacitación continua de su personal debe ser también un requisito auditado por las autoridades.

Estos negocios deben invertir en seguridad, y saber que esa responsabilidad con el público debe ser ineludible y permanente.

Hay empresas que tienen policías de línea –a los cuales se debe remunerar puesto que es un servicio necesario por las eventualidades del giro comercial del propio establecimiento– como elementos disuasivos ante situaciones límite que deban ser neutralizadas.

El peregrino argumento que *tu personal de seguridad no es héroe*, es acomodaticio e irresponsable, además de ofensivo, puesto que se señala maliciosamente lo obvio.

Lo que hay que verificar es la efectividad de las medidas preventivas en vigencia en el sitio y ver las causas raíces de por qué no funcionaron, y determinar las responsabilidades del caso.

34. La Comisión Mixta de Higiene y Seguridad

La Comisión Mixta de Higiene y Seguridad del Trabajo –CMHST– es un requisito de ley para las empresas y se refiere al organismo constituido tanto por los representantes del empleador como por los empleados, para abordar y proponer soluciones preventivas y mitigantes a los riesgos identificados en el trabajo, entre otras funciones específicas.

El artículo 56 de la Ley 618 consigna lo que son sus funciones primordiales, entre las cuales esta se constituye como un órgano fundamental para la evaluación y determinación de los diversos riesgos del trabajo particular que realiza la empresa.

La CMHST está estructurada para cumplir con un programa de trabajo detallado, el cual debe cumplirse eficazmente en contenido y pertinencia para todos los riesgos laborales.

No obstante, pocas veces el desempeño de estas comisiones rinde su verdadero potencial. Es por eso que usted debe evaluar frecuentemente el trabajo de la comisión para asegurarse que se están cumpliendo adecuadamente sus funciones.

Algunas empresas tienen este importante organismo solamente para efectos formalistas, como productor de actas; pocas hacen en verdad un cumplimiento formal y detallado del plan de trabajo anual.

¿Por qué entonces esta situación?

Aventurando una interpretación, se piensa que la comisión, al ser un requisito de ley, esta debe tratarse solamente como tal, lo cual es un pensamiento equivocado, y sin exagerar, hasta irresponsable.

¿Cómo debe manejarse?

En muchos casos el trabajo de la comisión se ve atrasado, incompleto, sin vitalidad, sin profundidad, y esto ocurre a menudo por el hecho equivocado de que se confunde la correcta gestión de la Seguridad como un tema poco importante, mucho menos urgente; solamente cuando acontece un accidente.

Las necesidades inmediatas y ciertas del negocio, tales como pagos de planillas, proveedores, mantener la planta funcionando, la gestión de cartera y cobro, hacen que estos factores tengan consecuencias inmediatas, que de no ser atendidos, sus efectos negativos son visibles con certeza e inmediatez, impactando el estado de resultados con costos elevados; que es lo contrario que ocurre con la Seguridad, que los resultados de su gestión incorrecta son –la mayoría de las veces–, inciertas, de más largo plazo, y sin una responsabilidad clara, puesto que puede diluirse entre los diversos actores, y muchos de sus costos están ocultos, pero que sus consecuencias potenciales pueden eventualmente *"parar todo el show"* de la empresa.

El único efecto positivo de un accidente laboral –si este se investiga en forma completa e independiente– es indicar cuáles sistemas gerenciales necesitan mejoras, puesto que generalmente las causas raíces de un accidente acontecen por acciones erróneas y omisiones que afectan el funcionamiento de estos sistemas.

La comisión debe manejarse como un organismo ejecutivo que no solamente produzca actas y palabras de cumplimiento vano, sino que debe establecerse como lo que la ley ha señalado, como el foro superior de discusión para proponer soluciones en la identificación y reducción continua de la exposición de riesgos al personal.

Debe usted revitalizarla y revisar externamente su desempeño para que alcance verdaderamente su potencial.

31-julio-2012

35. Seguridad en PYMES

En estos tiempos de globalización, cobra cada vez más relevancia el tema de la Seguridad Operacional. Algunos piensan que este tópico es privativo de las empresas grandes, lo cual es equivocado, puesto que los efectos adversos que tiene un accidente -desde el punto de vista de la competitividad-, afectan no solamente a las organizaciones globalizadas, sino también a las medianas, pequeñas, micro y hasta las unipersonales.

Dentro de las ventajas que representa gestionar efectivamente la Seguridad -entendida esta como la prevención de costos no programados provenientes de accidentes, fallas, omisiones y acciones no planeadas-, se verá que el factor principal que favorece a una empresa que maneja la prevención como un verdadero imperativo de negocio, es el ahorro en gastos y desperdicio de recursos diversos –humanos principalmente-, cuya pérdida puede eventualmente sacarla del mercado, no tanto por el hecho de un solo evento "accidental", sino porque la llamada normalización de las desviaciones operativas, como constante de comportamiento en el personal, son también aplicables como causas raíces a los errores y omisiones que puedan causarse –voluntaria o involuntariamente- en temas como eliminación del desperdicio, rechazos de producción, aprovechamiento del tiempo productivo, disminución de paradas de emergencia, ausencias no planificadas de personal clave, manejo de efectivo o de inversiones, ventas perdidas, ventas no reiteradas, errores en atención al cliente, reclamos, eventos negativos para la imagen pública, entre otras.

Estas fallas también son extrapolables a los fenómenos que causan otros tipos de costos ocultos, que debido a la nobleza del producto o servicio que produce la empresa, hacen que a veces estos no sean percibidos en su justa dimensión, sino que marchan allí, escondidos entre los otros costos y gastos por "ineficiencia operativa general", y que se disimulan, temporalmente, en la rentabilidad total del producto, línea de negocio, o bien, en el conjunto del *profitability* de toda la empresa.

Una compañía cuya gerencia piense que la administración de la Seguridad Operacional en forma efectiva cabe solamente en una empresa grande, evidencia no solamente una disfunción organizacional grave que requiere un análisis profundo desde la perspectiva psicológica, ya que este mismo trastorno será entonces aplicable como un lastre a las demás iniciativas de crecimiento y optimización en todos los procesos internos.

La organización que logra el gerenciamiento sostenible de la Seguridad en forma efectiva -y entre más temprano mejor- puede decir que ha alcanzado un estadio de desempeño al que muy pocas llegan, independientemente de su tamaño, debido a que no es fácil cambiar los hábitos y prácticas cuestionables que producen accidentes, y sobre todo, en un país en el cual el medio y el pésimo ejemplo inciden tanto en el *desinvolucramiento* del individuo en las iniciativas de mejora, torpedeándolas o sujetándolas a un intercambio vicioso de favores disfrazados de incentivos- lo cual hace mucho más difícil, pero más meritorio también-, cuando se llega a articular una cultura que promueva la autoprotección y la de otros como una primera naturaleza en el individuo.

24-julio-2012 / El Nuevo Diario

☐

36. Seguridad basada en valores

Actualmente es tan popular el tema de la Responsabilidad Social Empresarial, o Corporativa –como también se conoce–, que ha llegado a extremos singulares, por no decir otra palabra.

Muchos consultores, especialistas y gurúes están haciendo mucho dinero por supuestamente dar las *claves definitivas* de tan mágico descubrimiento, de tan depurada disciplina. *¿Qué habrá de cierto en eso?*

Pero hay que escrutar el tema para ver qué hay dentro. Existen numerosas empresas que este tópico lo practican con muy buenas intenciones, como verdaderamente corresponde; no obstante, en otras, el tema es manoseado y usado como una actividad superficial, con elementos tan parecidos al mercadeo barato y a las Relaciones Públicas de juguete, que, en realidad, entre ellas no se pueden distinguir con certidumbre.

No se puede mejorar el desempeño de una organización –al menos en forma lógica– sin empezar con una secuencia de prioridades.

El personal de una empresa es el primer estamento donde se tiene que asegurar que no se le está causando daño debido a accidentes, lesiones, enfermedades ocupacionales, por un inadecuado alineamiento entre lo que se dice y lo que se hace.

La falta de involucramiento gerencial de algunas organizaciones en temas tan fundamentales como la prevención de accidentes, su falta de capacitación respectiva, y sin la adecuada dotación de recursos, es una trivialización manifiesta que hace que este modelo cuestionable de conducta directiva permee en toda la organización, degradando así un elemento crucial para el logro de resultados, proyectando la percepción de que la Seguridad es algo que no tiene una utilidad en sí misma, que es solo un requisito legal, y que no hay "glamour" alguno en que un directivo se involucre visiblemente. ¿Por qué ocurre esto?

Las acciones gerenciales irremediablemente modelan, forman, *arquitecturan*, dan contenido y ejemplifican verdaderamente lo que es correcto y deseable de promover dentro de la organización.

El ejemplo visible de la dirección es lo que establece el alineamiento de prioridades para el resto del personal.

Los hechos siempre son más fuertes que las palabras, y no hay mensaje más claro al personal sobre la importancia o indiferencia de los temas ejecutivos, que la atención y energía que las gerencias le brindan a cada uno.

Las declaraciones y afiches sobre los pretendidos valores organizacionales sirven muy poco para confirmar verdaderamente su existencia. Los ejecutivos deben vivenciarlos, vivirlos y proyectarlos, alinear los hechos con las palabras, pero, sobre todo, poner la billetera en el mismo lado de donde ponen las palabras.

Vivimos en un tiempo en que la realidad es impuesta por el mercadeo y la proyección hiperrealista de los medios instantáneos, lo cual hace que sea indistinguible cuál es cuál.

Si se pretende que la seguridad sea verdaderamente una materia donde se alcancen resultados sostenibles, los ejecutivos deben hacer de esta un valor y no un componente *virtualizado* y políticamente correcto, para disfrazar los verdaderos valores empresariales.

Poner la seguridad como un valor implicará que los ejecutivos no solamente hablen del tema, sino que este sea gestionado al igual que los demás imperativos de negocio, ya que no puede ser abandonado al azar, ni ser degradado a ser un mero asunto publicitario; es una función que debe ser gestionada con un enfoque estructurado, puesto que los resultados –buenos o malos– siempre apuntarán a la máxima autoridad directiva.

13-nov-2012

37. El valor de la prevención

En España se realizó recientemente un estudio cuyas conclusiones vienen a reiterar aspectos medulares en la labor de prevención de accidentes de trabajo.

Como resultado, sus autoridades incrementaron dramáticamente el número de cursos formativos hasta un número de 60 para consolidar la cultura de la prevención entre los trabajadores, empresas y entes relacionados.

La capacitación ofrecida por las autoridades es gratuita, y viene a ser un paliativo en un área que, desde el punto de vista económico, tiene costos que la misma España no puede seguir sufragando ante una crisis que no termina de ceder en sus efectos más perniciosos.

La parte importante de esta estrategia está en su respaldo científico sobre los costos que se evitan al adoptar la prevención como la primera naturaleza de conducta.

Según el estudio, el accidente de trabajo típico tiene un costo 30 veces mayor al de la medida preventiva que lo hubiera evitado, y 47 veces más, cuando el accidente es grave, muy grave o mortal.

Estas proporciones están alineadas con las señaladas por *OSHA* (la *Agencia de Seguridad y Salud Ocupacional de EE. UU.*) en lo que respecta a los costos de accidentes, remarcando que detrás de cada dólar que se gasta visiblemente en un accidente laboral, hay entre 10 y 25 dólares –a veces muchísimo más–, que no se ven pero que, efectivamente, salen de las utilidades como costos indirectos, sin contar con otros efectos perversos que no son percibidos de inmediato.

Otra estadística fiable en dicho estudio sobre 2012 es la distribución por sector, en la cual 47% aconteció en el de servicios, 34% en la industria, 11% en la construcción, y el 8% en la agricultura.

Aunque en estas dos últimas áreas el porcentaje es menor, la tasa de fatalidades es mucho mayor que en los otros, por lo cual se han elaborado esquemas específicos de capacitación.

Este ejemplo puede orientarnos sobre la importancia de la capacitación correcta y oportuna como un valor preventivo.

Las empresas deben entender que es un imperativo de negocios universal crear y mantener un ambiente de trabajo seguro, además de ser este la inversión de la más alta rentabilidad comprobada para controlar pérdidas.

El estudio realizado en España deja bien claro que invertir en la Seguridad Operacional es también la mejor medida de creación de valor en una empresa.

Algunas organizaciones de muy amplia visión fijan el plan de capacitación anual de acuerdo con sus necesidades reales, prospectadas a través de encuestas al personal sobre las áreas de mayor exposición.

Además, es imprescindible revisar si alguno de los accidentes ocurridos tiene como factor básico una inadecuada capacitación, no solamente en el personal colaborador, sino especialmente en la supervisión, e incluso, en gerencias de alto nivel.

Otras empresas menos proactivas fijan sus capacitaciones solamente tomando como base sus fondos del 2%.

Este enfoque reactivo provoca irremediablemente que muchas veces se tenga que aceptar las consecuencias de un accidente como un hecho inevitable, pero debe entenderse que esta conducta es simplemente una expresión confirmatoria de una filosofía gravemente errada que no entiende el valor de una prevención efectiva.

15-ene-2013

38. Resistencia al cambio

Dentro de las iniciativas de Seguridad Operacional, este es el enemigo número uno. Cuando existen situaciones que necesitan ser revertidas radicalmente, como los accidentes industriales, entonces, como por arte de magia, surgirán aquellas personas que estarán encargadas de boicotear desde dentro estas iniciativas de mejora.

Esa resistencia surge con una precisión matemática y es necesario entender su causación. Cuando las personas se sienten afectadas por un cambio que los sacará de la llamada "zona de comodidad", es cuando empiezan a surgir pegones, posposiciones, excusas, atrasos, poses, palabras vanas, etc., que no son más que el reflejo de la oposición velada –la mayoría de las veces-, o abierta, -las menos-, de aquellos que no quieren cambiar, ya sea porque no pueden, no saben, o, en definitiva, no quieren cambiar.

Hay empresas que reiteran teniendo accidentes de la misma naturaleza, a veces en serie, y se cree que estos ocurren por obra de la "casualidad".

Cuando el personal aprende el lenguaje de "la moda del mes", que es producto de las iniciativas anteriores en las que la gerencia perdió credibilidad al no haberlas impulsado y terminado enérgicamente, entonces los individuos saben que existe un límite de oposición, que, al ser alcanzado, casi que con certeza la empresa cesará, le faltará fuelle para perseguir los objetivos originales de la iniciativa.

En algunas empresas, esta enfermedad hasta tiene un lema: *"Somos buenos en hacer iniciativas, malos en darles seguimiento y pésimos en alcanzar los objetivos propuestos".*

La anterior no es solamente una creencia invalidante, sino la muestra palpable de que existen personas que, aunque ocupen el más alto nivel de dirección, no creen en los valores enunciados por la propia empresa.

¿Parece contradictorio? No, puesto que es lo que justo ocurre en la realidad cuando no se cree en lo que se predica.

Veamos un ejemplo: en una empresa que ha venido teniendo accidentes operacionales similares, a estos se les empieza a poner atención hasta que ocurre una situación irreversible, y es cuando entonces, la alta dirección decide adoptar un programa radical de mejora.

Ocurrirá entonces que, si la gerencia no entiende que esta debe predicar con el ejemplo, recompensando los comportamientos correctos, imponiendo con liderazgo y disciplina el proceso de cambio; la iniciativa fracasará, -no tanto por las naturales fuerzas opositoras internas-, sino, por la falta de liderazgo y modelamiento gerencial.

Si la gerencia está concentrada más en los resultados económicos –que son esencialmente importantes, pero no menos que la seguridad operacional– entonces esta quedará relegada a un nivel subalterno, y el personal hará lo que la gerencia haga, y no lo que esta dice que se haga.

Si no hay rendición de cuentas –con consecuencias positivas y negativas–, las iniciativas de mejora fracasarán rotundamente, ya que está comprobado infinitamente que los hechos son siempre más tercos que las palabras, y que la credibilidad –como otras cosas definitivas– solo se pierde solamente una vez.

10-abril-2012

☐

39. Entrevista en El Nuevo Diario

"Muchas empresas ven la inversión en seguridad como un gasto"

Entrevista conducida por Alma Vidaurre Arias.

El economista Carlos Romano Flores Molina, quien hasta febrero de este año se desempeñó como Gerente de Seguridad, Salud y Medio Ambiente para Centroamérica y el Caribe, de la empresa *Esso Standard Oil Ltd.* consideró que los empresarios deben adquirir un nivel de responsabilidad que anteponga los intereses del recurso humano frente al económico.

En los últimos años, algunas empresas en el país alcanzaron un mayor nivel de responsabilidad en cuanto a sistemas de seguridad, prevención de accidentes y capacitación de su personal, pero todavía falta que adquieran un compromiso para garantizar la integridad física, la salud, la higiene y la disminución de los riesgos laborales.

119

En materia legislativa, Nicaragua cuenta desde hace cinco años con la Ley 618, de Higiene y Seguridad del Trabajo, que trae consigo argumentos para que los empresarios puedan proteger el recurso humano de sus compañías.

AVA: *Mucho se habla de Responsabilidad Social Empresarial, RSE, ¿pero hasta qué punto la empresa cumple con el trabajador y con la misma sociedad?*

La *Responsabilidad Social Empresarial* empieza con una cuestión fundamental, que es la de no causar daño. No se deben generar situaciones que puedan llevar a accidentes a tu fuerza de trabajo, al personal -que es el activo más valioso-, y tampoco se debe causar daño al ambiente.

La primera responsabilidad empieza por proteger al personal, de las exposiciones de riesgo que tenés en un trabajo; no hablamos solo de accidentes sino también de enfermedades ocupacionales, incluso situaciones posturales y ver qué tipo de mobiliario se utiliza en la oficina.

La segunda es que se paguen los impuestos completos. Pero cuando utilizan la *Responsabilidad Social Empresarial* como una herramienta de mercadeo o relaciones públicas, que todo el mundo sabe que estas actividades tienen un escudo fiscal, por lo que uno debe detenerse y es necesario ver la intención.

En Nicaragua hace falta mucho por alinear las palabras con los hechos en estos temas.

AVA: *¿Las empresas realmente están previniendo los accidentes laborales?*

Creo que vamos positivamente; sí hemos progresado, pero hace falta. Hay mejoras sustantivas, y la Ley 618, de Higiene y Seguridad del Trabajo, es una ley buena, pero falta mucho para que se implemente adecuadamente.

Estos temas son de cambios culturales y debe recorrerse mucho camino desde el punto de vista educativo, formativo y de concientización de las empresas.

Muchas empresas ven la inversión en seguridad como un gasto que no les va a dar "beneficio", pero si el gerente se pone a hacer los números, se dará cuenta que es la mejor inversión que hay.

Hay compañías que desaparecieron desde el punto de vista operativo por el tema de accidentes. El famoso accidente de la compañía *British Petroleum*, en el Golfo de México, por ejemplo. El accidente por derrame de petróleo les está costando más de 150 mil millones de dólares, siendo un caso emblemático.

A nivel local hay un sinnúmero de compañías con problemas gravísimos y cuando tienen accidentes de trabajo; entiéndase que alguien se caiga de un andamio o que muera en un accidente automovilístico -porque hoy en día hay una carnicería en las calles-, estas ya lo toman como un hecho normal.

El problema es que esos costos de la desaparición de la capacidad productiva de las personas, por la ocurrencia de un accidente laboral, se trasladan a los individuos dependientes de él o ella y a la economía misma del país; es por eso que no podemos darnos el lujo de perder esos recursos.

Cuando la empresa empieza a lograr resultados, la fuerza de trabajo logra cualquier tipo de metas que se proponga.

AVA: *¿Se trata no solo de sacar provecho, sino de que las empresas aseguren que su fuerza laboral no incurra en accidentes?*

Es correcto, pero es un tema de valores éticos, morales y de responsabilidad propia. Hay muchas compañías cuyas gerencias ya definieron los valores a implementar en la empresa.

El mensaje es muy claro, si no le das capacitación a tu fuerza de trabajo, si no le das las herramientas, los procedimientos o una adecuada supervisión, le estás diciendo: *"No me importa lo que ustedes hagan, porque ustedes son absolutamente descartables".*

Las empresas pioneras en asuntos de seguridad han sido las empresas extranjeras, las grandes transnacionales, porque han estado ubicadas en lugares donde la misma presión ciudadana obligó a estas empresas a adoptar parámetros muchos más estrictos en términos de la protección humana.

AVA: *La prevención es importante, pero para retomar esos ejemplos, ¿entonces la gerencia de las empresas debe cambiar su forma de pensar?*

La prevención no es un tema importante, sino que fundamental. A la par de los esfuerzos que se hacen a nivel de país, se debe tomar mucha conciencia en este sentido y ver otros ejemplos.

Hay dueños de empresas y familiares que no ven el beneficio de la seguridad, pero no han definido realmente cuáles son los costos de un accidente de trabajo. Detrás de cada dólar que se paga por un accidente laboral, hay entre 25 y 40 dólares que no los ves porque son costos indirectos.

El daño a tu reputación corporativa también es un accidente, por ejemplo. No es solo hablar del tipo que se mató en un accidente de tránsito, sino que debés verlo desde el posicionamiento que tiene la empresa en la comunidad.

AVA: *¿La gerencia de una empresa debe involucrarse en este proceso y dar el ejemplo en el cumplimiento de estas normas?*

Culturalmente hay en el país una especie de minusvaloración del trabajo operativo, y entonces muchas veces la gerencia no se atreve siquiera a dar el ejemplo, por lo que se pierden de promover este tema transversal para la organización.

Hace falta derribar esas barreras por las cuales la gente piensa que los temas operativos no valen la pena, porque lo importante no es tanto el *glamur* de la gerencia, sino que es un asunto de valores.

Aquí entran las condiciones en que el personal de gestiones empresariales, por ejemplo, que son los motociclistas, basta ver cómo los negocios de *delivery* manejan de forma irresponsable, por los horarios, la limitación de personal, las multas administrativas que les hacen en las propias empresas, etcétera.

Se estima que de los accidentes de trabajo que ocurren en el país no se reporta ni el 40%, y así el otro 60% queda oculto o hay arreglos entre las partes. Pero hay gente que dice que sí ha mejorado.

AVA: *¿Hay trabajos pendientes por hacer en el país?*

Sí, es importante que haya una toma de valores y de conciencia y que se reflexione sobre el tema.

AVA: *Leyes existen en el país; está la Ley 618 que usted menciona, pero ¿hace falta mayor beligerancia de las personas que deben implementarlas?*

A mí me parece que no es tema de leyes, sino que es un tema de valores. Se puede tener las mejores leyes del mundo y marcar resultados muy pobres. Me parece que no cambiaría mucho el asunto de la prevención de accidentes con más leyes. Vale la pena mencionar que la Ley 618 es integral y moderna, pero tampoco hay reguladores que puedan estar en todos lados.

Mi apuesta es que ojalá suceda lo que ha ocurrido en varios países, como Colombia, que ha sido una mezcla de medidas; no solo hay multas sino también una participación notoria desde el punto de vista formativo por parte de empresas internacionales y colombianas, las que en conjunto promueven estos foros de discusión y la divulgación de experiencias.

AVA: *¿El termino inversión es importante en este tema?*

Así es, pero más que eso, es el involucramiento de la gente. La Ley 618 dice que es obligación del trabajador seguir las normas de seguridad, utilizar el equipo de protección personal y acatar las instrucciones. Pero por el mismo hecho de no conocer la ley, no la aplican y exponen en ocasiones la vida de otros. En el nivel de empresas de Nicaragua, muchas veces en los mandos gerenciales hay resistencia a invertir en capacitación del personal, porque apuestan únicamente a producir más y más utilidades, pero no se preguntan si eso es sostenible en el tiempo o si están verdaderamente protegidos, desde el punto de vista de la prevención, para no llegar a un accidente grave.

11-noviembre-2012

40. Entrenamiento al recién contratado-a

Esta es verdaderamente una fase crítica para lograr que la visión de Seguridad cale dentro del individuo. Se denomina *"imprinting"* y consiste en la fijación de los valores organizacionales en el nuevo empleado. Este no es un evento sino todo un proceso.

Es importante que la persona pueda familiarizarse perfectamente con la cultura organizacional, para lo cual es necesario brindarle sesiones formales sobre cómo operan las reglas, procedimientos y prácticas correctas de seguridad. No es cosa de media hora.

Debe hacerse énfasis sobre las reglas cardinales de seguridad, de aquellas disposiciones inviolables y compartidas que deben dar contenido a las conductas esperadas a ser replicadas por todo el personal.

Generalmente, estas reglas son pocas, pero fundamentales, por ejemplo:

1) Nunca desactivar dispositivos o equipos de seguridad;

2) Usar siempre el equipo de protección personal indicado para la tarea;

3) Todos los incidentes de seguridad deben ser reportados sin excepción.

En otros casos, se incluye también el jamás realizar una tarea bajo alcohol y drogas.

Estas disposiciones deben ser la norma de actuación esperada a ser cumplida por todo el personal, pero principalmente, demostrada por la alta dirección. En empresas organizadas, la trasgresión a estas disposiciones asegura una acción disciplinaria final.

Otro elemento debe ser la promoción y favorecimiento de un ambiente que permita el aprendizaje de los accidentes, especialmente, que la adherencia a las normas y procedimientos de seguridad se haga por el bien personal y común, y no por una instancia "policial" o represiva, que es por la cual muchas veces el personal desarrolla "anticuerpos" ante los supervisores o personas del área de seguridad. Esta es una receta segura para el fracaso.

La persona de nuevo ingreso deberá ser entrenada suficientemente en el trabajo que estará ejecutando, sobre todo, en las tareas de mayor riesgo, ejecutando los procedimientos seguros de forma estricta, para lo cual, deberá brindársele tiempo suficiente para entender el alcance de la tarea.

Debe enfatizarse también la comprensión del proceso de causación de incidentes, cuyo enfoque no debe ser el consabido y erróneo "cero accidentes", sino de "cero comportamientos inseguros", ya que la persona posee en sí misma el poder para elegir -hacer o no hacer- la acción u omisión que lleva a un incidente. Actuar con seguridad es una decisión solitaria.

La persona encargada de la supervisión debe estar concentrada en cómo este proceso sea completado exitosamente para cada nuevo empleado. A este se le deberá asignarle un "padrino" o "madrina" con probadas competencias en el área de Seguridad, para que pueda continuar la formación en cómo realizar las tareas de acuerdo con las expectativas correctas.

El proceso en realidad nunca termina, porque el aprendizaje es un proceso continuo.

¿Cómo es el proceso de inducción y entrenamiento del personal en su empresa?

¿Tiene su organización reglas cardinales de seguridad?

Siendo usted gerente en su empresa, ¿cómo modela usted los comportamientos de seguridad ante su personal?

☐

21-febrero-2012

41. Matando al mensajero

Algunas situaciones exigen la toma de decisiones enérgicas para detener la accidentalidad laboral.

Cuando se quiere evadir esa necesidad, existe a veces la costumbre de disparar al mensajero. Algunas veces se requiere salir de la inmediatez de ciertas acciones reiteradas que no contribuyen a romper el círculo de estas y ya conocidas "curitas" o "parches", pero a las que tradicionalmente se les echa mano para intentar corregir situaciones endémicas que hacen que los accidentes de trabajo repitan, a veces de la misma forma y con consecuencias cada vez peores.

El problema es que cuando surge alguien interno o externo que quiere detener la locura de seguir haciendo lo mismo bajo formas disfrazadas de "solución", entonces los cañones de aquellas personas con responsabilidad y complacencia en mantener el estatus quo, disparan a un ritmo frenético e inmisericorde.

Uno de mis colegas recientemente me refería el caso donde el mismo personal llegó a la conclusión que la mayoría de las causas raíces de los accidentes que lograron identificar, tenían que ver con factores tales como la falta de involucramiento gerencial, la existencia de una cultura de tolerancia máxima, degradación de la seguridad a un simple requerimiento político, o bien, un cinismo educado, basado en hablar de la seguridad solamente como un espumoso ejercicio de relaciones públicas.

Cuando el mismo personal mediante los ejercicios y autodiagnóstico descubrió el porqué de sus magros resultados, la reacción del contratante fue la típica de aquellos que aún no entienden las implicaciones de su propio accionar: encontrando más fácil linchar al mensajero, como un recurso burdo de externalización de sus propias responsabilidades, de su ineficiencia planeada ante el hecho que no han sido capaces de motivar, convencer, inducir y atraer al personal -tanto supervisado como supervisor, incluyendo gerencias-, para revertir estas conductas que son producto directo de las exactas justificaciones de su propia incapacidad y falta de credibilidad.

Me decía –además- que quienes lo contrataron le dijeron al final de la sesión que "no era lo que esperaban escuchar" -y por supuesto que no lo era.

Muchas veces se encuentran personas que están dispuestas a endulzarles el oído a quienes los contratan y que buscan reafirmarse en sus propias excusas e incapacidades, para reiterar en situaciones que no harán subir de nivel a la organización en identificar verdaderamente –y no en jugar al realizar ejercicios banales de capacitación- cuáles son las causas de los accidentes y el plan de acción que debe seguirse para revertirlos.

No es casualidad que linchar al mensajero sea una conducta típica de aquellos que quieren mantenerse en su zona de comodidad, alabando diagnósticos complacientes y rechazando aquellos que retan su obvio desempeño mejorable.

La parte importante es que los hechos siempre son más fuertes que las palabras y al final se termina entendiendo -por repetición o por impacto-, cuando toque el remplazo de la persona en el puesto, ante la incapacidad de comprender lo lejos que andaba su percepción de la realidad.

En Portugal dicen con razón que "tu amigo verdadero es quien te lleva las malas noticias".

19-febrero-2013

42. Los costos de una pobre Ergonomía

Con frecuencia y mucha razón se habla de los costos de los accidentes como un factor que entorpece la productividad, entre otros efectos perversos.

Pero pocas veces se habla de los costos derivados de las enfermedades ocupacionales provenientes de una pobre administración de la Ergonomía; es decir, de la aplicación de la ciencia de ajustar las condiciones del sitio de trabajo y los requerimientos del puesto a las capacidades de la fuerza laboral.

Cuando no existe aplicación de esta disciplina, los costos a incurrir pueden ser bastante elevados.

Es importante saber que en lugares donde se llevan las estadísticas más confiables, se ha concluido que la causa principal de las lesiones no fatales en el trabajo proviene de este tipo de situaciones, principalmente de esfuerzos excesivos y agotamiento por levantamientos inadecuados, empujar y halar cargas pesadas, alzar y llevar pesos, entre otros traumatismos.

Estos traumatismos dan como resultado que la proporción de costos de las lesiones ergonómicas a lesiones por accidentes (caídas, atrapamientos, impacto, etcétera) sea de 3:1, y en otros casos, mucho mayor.

En Nicaragua, típicamente, la atención que recibe el tema ergonómico está lejos de ser una prioridad, es poca la consideración que se le brinda a la hora de definir un plan de capacitación o de adecuación de los puestos de trabajo.

Ordinariamente, se piensa que es cosa de reemplazar mobiliario viejo e incómodo, por muebles –típicamente sillas y escritorios– de una apariencia moderna y atractiva, es decir, lo *cool* por encima de lo adecuado y correcto. Nada más equivocado que eso.

La administración de la Ergonomía debe darse en un contexto de cada proceso de trabajo. Empieza primero con la determinación de los costos de aquellas lesiones o enfermedades por trauma acumulativo, de las cuales las quejas tradicionales son solamente un síntoma: "aires" o dolores de espalda, articulaciones, jaquecas, pérdida progresiva de la visión, agotamiento, alergia y enfermedades respiratorias crónicas, entre otras, son líneas que se deben investigar con la misma seriedad y rigor como cualquier otro análisis de accidente.

Esta determinación de costos se hace para valorar la dimensión del problema y considerar no solamente la inversión, sino las capacitaciones como factor preventivo, y el elevamiento del interés del personal para reportar estas situaciones.

Se debe salir de la mentalidad superficial de pensar que los traumatismos solamente ocurren en oficinas, ya que los principales generadores se encuentran en los procesos productivos donde intervienen equipos, maquinarias, movimientos repetitivos, cambios bruscos de temperatura, posturas complejas, entre otros.

Debe dársele una formalidad adecuada al proceso de implementación de la Ergonomía, ya que, de otra manera, solamente será un tema tipo "sabor del mes", o algo referencial que perderá vigencia si no se maneja como un componente importante de la labor preventiva.

Lo más importante es que se pueda pedir ayuda; solicitar "ojos frescos" externos para hacer una valoración del tema, las recomendaciones pertinentes, y, sobre todo, sugerir las mejores prácticas de la industria que son las pautas más efectivas de una implementación inteligente.

5-febrero-2013 / El Nuevo Diario

43. Esos líderes ocultos

Una de las riquezas más desperdiciadas en las empresas son las capacidades, habilidades e ideas de aquellos líderes informales; esos que no tienen una posición relevante en el escalafón organizacional, pero que son los pilares ocultos que articulan el buen funcionamiento de las iniciativas organizacionales.

Son esas personas entusiastas y organizadas que impulsan el trabajo sin esperar nada a cambio, pero que tampoco se les da reconocimiento alguno por esa labor de liderazgo informal.

Típicamente, sus talentos no son valorados debido a su bajo nivel jerárquico, incluso académico, o por el temor que algún día sus talentos puedan convertirlos en una amenaza para sus supervisores actuales.

Este fenómeno es notorio en la mayoría de las empresas. Generalmente para el área de Seguridad Operacional, ellos están siempre disponibles para *campeonizar* o liderar las iniciativas; a las que le inyectan energía, dinamismo y sentido de propósito. Son los que siempre están en primera línea de acción cuando se trata de encontrar mejoras a problemas irresolubles.

Uno de los mayores errores es mantener en el anonimato a estas valiosas personas, o bien, apropiársele de los méritos que han logrado a través de un trabajo ejemplar de aplicación para identificar soluciones, reducir desperdicios y causas de accidentes.

A estas personas no se les da el valor que tienen hasta que faltan o se han ido de la empresa. Las lecciones aprendidas de su ejemplo de liderazgo informal –liderazgo desde abajo– son una cátedra permanente que pasa –o se quiere hacer pasar–, como desapercibida.

Es importante saber que estas personas no logran resultados por un *decreto organizacional* proveniente de la gerencia; sino que ellos alcanzan resultados extraordinarios, aún a pesar de la imagen de contrapeso que pueda tener la gerencia en este campo de la Seguridad Operacional.

La parte importante es que no solamente debemos identificar estas personas para darles responsabilidades crecientes en esta área, sino también, empoderarlos para que puedan tomar decisiones focalizadas, y que puedan seguir dando resultados en un esquema de motivación positiva, sin importar su formación, posición organizacional relativa o cualquier otro signo que pueda ser percibido en nuestro contexto como una limitante.

Algunas características de la personalidad de estos individuos son:

1. Tienen un código propio de acciones positivas por medio del cual rigen su vida;
2. Convierten las cosas pequeñas en grandes resultados;
3. Lideran desde el fondo, muchas veces teniendo como obstáculos las espaldas de varios;
4. Ejemplifican personalmente las acciones correctas que desean ver en otros;
5. Hacen su propia tarea sin encontrar excusas y buscan ayudar a otros;
6. Invitan, –más que fuerzan–, a lograr el cambio positivo;

7. Involucran a más personas parecidas a ellos; suman y no provocan resistencia interna;

8. Les recuerdan a todos que cada uno puede ser mejor que la más dura de las circunstancias;

9. Inspiran a otros a traspasar sus propios límites y barreras mentales;

10. Comunican altas expectativas y mejoras logrables, antes que mantenerse en el *statu quo*.

Estos son los líderes ocultos que cambian positivamente el ambiente organizacional. Se debe hacer un esfuerzo para promocionarlos, ponerlos como ejemplos vivenciales de liderazgo.

¿Tiene usted bien recompensados a los suyos?

☐

20-noviembre-2012

44. De los oficios más peligrosos

No deja de ser una contradicción y una cruel paradoja el hecho que alguien muera en ocasión de buscar cómo ganarse la vida

Recientemente leí un artículo en un diario local sobre el *ranking* de los oficios peligrosos, siendo el número uno el de los motociclistas, específicamente los encargados de entregas de comidas a domicilio, medicamentos, paquetes y otras encomiendas, incluyendo a quienes realizan gestiones de mensajería a destajo, trabajando contrarreloj, no importando las condiciones del tráfico; típicamente sin formación y capacitación alguna como motociclistas defensivos.

Es claro, que el motociclista defensivo deberá hacer todo lo humanamente posible para evitar un accidente, pero no está exento de esa eventualidad; eso es algo que tenemos que definir con antelación.

La parte que quiero abordar es la responsabilidad legal y ética de las empresas, sin perderme en detalles.

Hoy está muy de moda hablar de Responsabilidad Social Empresarial, pero como un elemento más de Relaciones Públicas o de una simple campaña de Mercadeo, por lo que es importante hacer las definiciones correspondientes y hablar sobre las bases verdaderas de esta responsabilidad.

Diversas empresas tienen personal realizando estos trabajos con motociclistas cuya peligrosidad intrínseca es obvia –y como Responsabilidad Social Empresarial–, las obligaciones y responsabilidades en caso de un accidente para este personal, tienen que ser atendidas y dispuestas con base en los programas preventivos de seguridad. Este personal que sufre estas lesiones y fatalidades –en su absoluta mayoría–, no son más que aficionados y obligados por la necesidad, sin un conocimiento adecuado como motociclistas defensivos.

Una empresa que tenga este tipo de personal deberá asegurarse que se les ha brindado una capacitación sólida con un método de comprobada efectividad. Ojo, no estamos hablando de cursos-requisito en que la persona sale con un conocimiento equivocado e inútil para conducir defensivamente, cuyo objetivo es solamente cumplir una formalidad sin consecuencias y servir como un mecanismo velado de evasión de responsabilidades.

El motociclista defensivo no solamente debe conocer la ley, sino que, principalmente, debe saber cuáles son las maniobras que previenen accidentes y aquellas medidas de protección efectivas.

En algunas legislaciones estatales de EE. UU. y otros países existen cursos de verdadero manejo defensivo para motociclistas, los cuales tienen que ver con las maniobras preventivas y de protección que deben tomarse, incluyendo los recursos mentales como llaves de manejo, y no caer en la repetición cansona o recitar con torpeza hasta el extremo artículos que no auxilian en nada para evitar accidentes, sino que, únicamente, indican una infracción o sanción.

Las empresas que utilizan motociclistas deben tener como mejor práctica un programa de administración de seguridad, en el cual estén establecidas las políticas relativas a capacitación y su periodicidad, cumplimiento regulatorio, inspecciones y chequeos de seguridad de las motocicletas, reporte obligatorio de infracciones e incidentes, así como las correspondientes sanciones administrativas para los conductores que infrinjan las regulaciones, tanto públicas, como las de la propia empresa.

No deja de ser una contradicción y una cruel paradoja el hecho que alguien muera en ocasión de buscar cómo ganarse la vida. Estos casos de accidentes deben analizarse no solamente en el contexto simplista y retrógrado de "quién tuvo la culpa", sino de cuáles fueron las fallas profundas, incluso aquellas que son meramente administrativas, tales como exceso de horas o de jornadas trabajadas, *multitareas*, supervisión por celular, entre otras carencias que son establecidas a través de prácticas de trabajo.

Crear una cultura de prevención implica someter a revisión y cuestionamiento crítico las propias prácticas y políticas administrativas, ya que allí se establecen variados precursores de accidentes.

Hay que verlo todo en el contexto de qué ha hecho la empresa para educar, instruir, aleccionar a sus conductores, a sabiendas que la conducción de motocicletas en las empresas es el oficio número uno en grado de peligrosidad.

☐

6-noviembre-2012 / El Nuevo Diario

45. La autocomplacencia, esa íntima enemiga

"Hemos descubierto al enemigo, y descubrimos que el enemigo somos nosotros mismos" frase atribuida al personaje de tiras cómicas *Pogo*, de Walt Kelly, en 1971, la cual ha venido usándose desde entonces en todos los ámbitos, especialmente, cuando desconocemos el efecto de nuestras propias acciones en los resultados que juzgamos desfavorables.

La complacencia, esa actitud tolerante de quien consiente excesivamente -cuando aplicada a nosotros mismos-, queda claro que es un generador principal de accidentes en el trabajo.

Surge cuando sabemos que no estamos haciendo lo que debiéramos, pero que no lo hacemos por tener esa tolerancia amparada en el peligroso *"siempre ha sido así"*, *"a mí no me va a pasar"*, y de todo un catálogo inagotable de excusas para no tomar acción.

¿Está usted *"preocupado"* por los atajos que toma el personal al realizar las tareas de alto riesgo? La autocomplacencia puede racionalizar entonces que el personal es a) perezoso, b) idiota, c) intratable, d) un caso perdido. Pero esta trampa mental solamente justifica una posición de señalamiento de culpa hacia otros.

Los líderes verdaderos asumen la responsabilidad personal por los resultados desfavorables, y buscan proactivamente la manera de corregir las desviaciones de los estándares operacionales para que no ocurra un accidente.

Cuando una tarea está haciéndose en forma imprudente, se debe preguntar: *"¿Qué he hecho yo / o qué no he hecho para que este trabajo sea efectuado de esta manera?"* Esto dará la respuesta en el 99% a situaciones para revisar los sistemas gerenciales o de gestión, entre ellos: Liderazgo, Análisis de Riesgo, Entrenamiento, Operaciones, Documentación, Supervisión, Fijación de Metas, Selección y Contratación de Terceras Partes, etc.

Analizar los procesos de decisiones –u omisiones– que llevaron a un accidente es lo único positivo que puede rescatarse de su ocurrencia, pero lo más importante es, no dejarse vencer por la autocomplacencia o la tendencia de tomar acciones únicamente hasta que la situación haya ocurrido, sino pensar sistemáticamente cuáles son las medidas preventivas de los accidentes más probables que puedan acontecer en nuestro entorno.

Las situaciones lamentables de accidentes laborales ocurren muy a menudo por un desconocimiento de las actividades ejecutadas por el personal supervisor, y con no menor frecuencia, debido a la ausencia de un proceso adecuado de formación y explicación de resultados.

El *factor conveniencia* tiene implicaciones peligrosas cuando se trata de procesos productivos en empresas de alta confiabilidad operacional, en las cuales un accidente no puede permitirse.

Conviene entonces hacerse las preguntas cruciales:

¿Estamos modelando adecuadamente el comportamiento del personal en relación con la Seguridad?

¿Los gerentes dedican el tiempo para participar en las actividades importantes para la prevención de accidentes, o las consideran "actividades inferiores" o sin "glamur" alguno?

¿Estamos reconociendo los comportamientos correctos o privilegiando la rapidez en las operaciones —aunque en detrimento de la Seguridad?

¿Existe un ambiente de formación positiva o estamos manejando una "Policía de Seguridad"?

La próxima vez que ocurra un accidente —antes de señalar las posibles causas—, véase primero en el espejo, será conveniente para recordar entonces aquella frase célebre de *Pogo*.

20-marzo-2012

46. La supervisión en la Seguridad

La función más importante en la Seguridad Operacional es la persona del supervisor. Es quien verdaderamente hace la diferencia para lograr un ambiente razonablemente libre de accidentes.

No obstante, -al menos en Nicaragua y en forma mayoritaria-, el *mindset* o el paradigma que se tiene sobre la supervisión, es que es una *"jefatura"* que inspecciona, y fiscaliza que las cosas se hagan según se ha ordenado, y quien tiene facultad para amonestar e imponer castigos.

Eso puede ser cierto hasta cierto punto, pero se deja de lado su función fundamental que es el modelar y promover las conductas seguras en el personal a su cargo. Esa posición es y debe ser un formador de personas, quien lleve a la práctica la ejecución ejemplar de los valores y prácticas operacionales de la compañía, en los individuos bajo su cargo.

Es una posición de privilegio y su importancia no debe ser vista marginalmente, sino con relevancia y en forma integral. Es también quien debe dar el ejemplo máximo de una conducta adecuada de seguridad y de sentido preventivo.

Se dice que uno obtiene el nivel de seguridad con el que la gerencia general demuestra sentirse satisfecha; y esto no puede ser más cierto en este caso, puesto que la supervisión es la correa de transmisión de los valores promovidos por la propia gerencia general.

Entre las funciones principales del supervisor, desde la perspectiva de Seguridad Operacional, tenemos las siguientes:

- Identificar las operaciones de más alto riesgo e involucrar al personal en cómo prevenir y mitigar los peligros.
- Conocer e interactuar con su gente, desarrollar un verdadero equipo de trabajo con sus supervisados.
- Establecer y comunicar claramente las expectativas de comportamiento seguro para que nadie salga lastimado.
- Responder oportunamente y con entereza las preocupaciones de los empleados.
- Proveer retroalimentación sobre la mejora continua de cada supervisado.
- Desarrollar confianza y sentido de equipo.

Cuando se improvisa en supervisar –o en lo que eso signifique-, se causan verdaderos estados de demencia organizacional.

Esta posición, especialmente la de los supervisores de Seguridad Operacional es un microcosmos en donde se reflejan todas las funciones y sistemas macro de la organización: Operaciones, Recursos Humanos, Calidad, Ingeniería, Mantenimiento, etc.

Es por eso por lo que no se puede menospreciar brindarles entrenamiento estructurado y completo, para gerenciar ese puesto de privilegio, cumpliendo así con la delicada labor de desarrollar al máximo el potencial de las personas a su cargo, y que estas lleguen a ser quienes verdaderamente puedan en términos de excelencia.

¿Habrá algo más importante en una empresa?

¿Cuál ha sido el entrenamiento formal en Seguridad Operacional brindado a sus supervisores en los últimos 12 meses?

Usted tiene la palabra.

47. Análisis e investigación de accidentes laborales

Cuando ocurre un accidente laboral serio, lo más probable es que la crisis desatada impida a lo inmediato aprender de lo ocurrido, por las naturales presiones de las diferentes partes interesadas, especialmente, si es que ha habido fatalidades o grandes pérdidas materiales.

Si algo positivo pueden tener estos accidentes, es que brindan una radiografía de los sistemas gerenciales, indicando qué tanto están estos alineados hacia la excelencia operativa, pero, sobre todo, produce un "boletín de calificaciones" sobre la calidad de ejecución y liderazgo de los puestos gerenciales.

En la industria de clase mundial, en promedio, un accidente va a tener como mínimo entre 10 y 14 relaciones de causa-efecto, que se alinean en un patrón particular para que un accidente ocurra. Esto desvirtúa la creencia ingenua que un solo error es suficiente para causar un evento desastroso.

Existen tres tipos de *raíces primarias* que se entrelazan en la ocurrencia de un accidente. Primero, las *raíces físicas*, que son las primeras consecuencias tangibles de la decisión humana, y típicamente, son visibles.

Segundo, las *raíces humanas*, que son las acciones o inacciones que hacen que las *raíces físicas* salgan a la superficie. Tercero, las *raíces latentes o precursoras*, que son aquellos sistemas organizacionales que ya tienen fallas en forma intrínseca, por ejemplo, procedimientos, entrenamiento, incentivos, hábitos de trabajo, prácticas de compra de equipos, reglas no escritas de conducta operacional, etc.

Paradójicamente, estos sistemas organizacionales son desarrollados –o deberían serlo– para mejorar el proceso de toma de decisiones, pero muchas veces, las ideas rectoras inmediatas del negocio se orientan más a dedicarse a la producción, o a lograr el mínimo costo, a riesgo de tener un accidente operacional.

Es decir, que, de una manera consciente o automática, la Seguridad Operacional –la visión preventiva– pasa a ser subalterna de las utilidades o de otros factores de negocio. Los lamentos surgen después, –como en las velas–, porque mientras no ocurra un accidente, todo va bien… ¡Craso error!

La mayoría de las empresas en Nicaragua no ponen suficientes energías o no desarrollan un proceso estructurado eficaz para analizar, estudiar y aprender sistemáticamente de un accidente laboral.

Si es que acaso se llega a hacer una investigación, esta consiste típicamente es una enumeración superficial de pseudo-causas –o más bien síntomas– que no llevan a identificar las verdaderas causas raíces. Estas quedan latentes y listas para repetir y entrar en acción.

Se teme ir más profundo porque –o no se sabe cómo hacerlo–, y si se sabe, se expone a una acción porque puede estar tocando errores, suposiciones erradas u omisiones de una función específica o de la propia gerencia general.

Es por eso necesario un entrenamiento formal profesional y estructurado, para asegurar que su empresa pueda verdaderamente aprender de la ocurrencia de un casi-incidente –sin consecuencias–, o de un verdadero accidente, ya que ambos tienen las mismas causas raíces.

¿Tiene esa capacitación su personal?

28-febrero-2012

48. Seguridad Vial 2013 – Informe Global de la OMS

Este reciente reporte señala que los percances vehiculares es la primera causa de muerte a nivel planetario entre los jóvenes de 15 a 29 años. Sin embargo, la parte más importante y esperanzadora es que sí hay estrategias efectivas que varios países han adoptado para reducir la mortalidad de estos mal llamados "accidentes".

Según el informe, en 2010 los gobiernos de todo el planeta bautizaron el *Decenio de Acción para la Seguridad Vial (2011-2020)* para buscar soluciones y reducir la tendencia de las muertes por esta epidemia. La recompensa es muy atractiva: salvar la vida de 5 millones de personas, principalmente los jóvenes, que son el sector de mayor fatalidad en nuestro país.

De acuerdo con las conclusiones del estudio, en las Américas el 42 % son ocupantes de automóviles mientras que el 15 % de los fallecidos son peatones, ciclistas y motociclistas.

Otra inferencia es que la vigorosa adopción de leyes integrales sobre los factores de riesgo principales -exceso de velocidad, conducción bajo los efectos del alcohol, no utilización del caso de motociclista, del cinturón de seguridad y de sistemas de retención de sillas para infantes-, ha disminuido sustantivamente las lesiones causadas por estos percances.

Concluye, además, que la educación es una de las herramientas básicas de prevención, siendo una medida complementaria y necesaria del robustecimiento de las normas jurídicas, para que alcancen un nivel exitoso de eficacia.

Otra relevancia es que solamente 59 países han establecido un límite de velocidad nacional en zonas urbanas igual o menor a 50 kph, con el detalle de que las autoridades pueden reducirlo aún más.

Se muestra también que la continua restricción de las normas es fundamental. El límite máximo permitido de alcoholemia es de 0,05 *g/dl* -o menos-, así como la restricción progresiva de las leyes sobre el uso del casco para motociclistas –ficción en nuestro país– así como la estricta normalización de las especificaciones del casco.

Aquí vemos que estos dos factores son, localmente, un chiste más, al ver que no hay ejemplo ni fuerza moral por parte de las autoridades en el uso de esta protección, así como el uso aceptado y tolerado viciosamente de cascos de juguete, o bien, de caricaturas de éstos, sin clasificación certificada, ya sea por *DOT* (Depto. de Transportes de Estados Unidos), o bien la norma más exigente de la Unión Europea (ECE). Por cierto, ¿por qué no se prohíbe la importación de esos cascos defectuosos?

Con las conclusiones del estudio se demuestra además que las políticas de transporte establecidas, con frecuencia *invisibilizan* a los peatones y ciclistas, existiendo una omisión de normativas que lleva a que ocurran cada vez más accidentes entre estos segmentos de transporte, siendo una obligación que los gobiernos logren progresos en que la movilización de estos grupos sea más segura.

Esta es otra de las quimeras o ilusiones que vemos en nuestro país, en que no hay una responsabilidad directa del Estado en las condiciones inseguras brindadas a estos sectores, concluyendo siempre con la manida "imprudencia peatonal", o con la culpa hacia el conductor, sin explicar el génesis de esas conductas y las condiciones de su surgimiento, así como su conexión directa con la responsabilidad de las autoridades ya sea policiales, o bien, edilicias, o ministeriales por las omisiones, deterioro o insuficiencias del ordenamiento vial.

El estudio completo está disponible en nuestro blog: www.noalosaccidentes.wordpress.com

19-marzo-2013

49. ISO 39001:2012 Administración de Seguridad Vehicular

Recientemente fue lanzada la ISO que seguramente revolucionará la administración de seguridad de las flotas vehiculares en el mundo. Es, al igual que en el marco de trabajo de esta familia de normativas globales, un prontuario de expectativas y mejores prácticas de las empresas de clase mundial, las cuales buscan destacarse no solamente en la prevención de accidentes vehiculares, sino también en la minimización de riesgos operacionales.

La normativa vine a potenciar un cumplimiento regulatorio estricto y también la reducción notoria en los costos administrativos derivados de una administración inadecuada de las flotas de vehículos para las empresas.

Mediante la aplicación de este sistema de gestión se ponen también en práctica numerosos conceptos necesarios en el marco de las mejoras continuas, por ejemplo, el hecho obligatorio de hacer una investigación detallada de los accidentes y casi-accidentes vehiculares, determinando causas básicas, factores contribuyentes y causas raíces, así como las acciones correctivas y medidas preventivas correspondientes para evitar la repetición de estos percances.

Uno de los focos de orientación de esta norma ISO tiene que ver con la gestión de flotas de transporte, las cuales tienen que adoptar enfoques estructurados para asegurar que la exposición de riesgos en carreteras, incluyendo las rutinas pre-salida y mantenimientos, para que sean efectuados correctamente.

La expectativa fundamental que se tiene con este sistema es la reducción sistemática de los riesgos de muerte y de lesiones serias que producen los accidentes de tránsito, los cuales, en nuestro país, - como todos los días vemos sin ningún tipo de acción- se han convertido en la primera causa de muerte violenta y de lesiones invalidantes.

Otra de las audiencias que tendrán un gran beneficio de participar son las autoridades regulatorias, por ejemplo, policías, ministerios de transporte, empresas de educación vial, empresas de mantenimiento vial, entre otras.

Una parte importante del esquema de este sistema que el componente principal está basado en el liderazgo gerencial, así como en expectativas estrictas, así como un sistema de evaluación de no-conformidades que mide los progresos con base en los requerimientos fundamentales, dejando lugar siempre para la mejora continua.

Los componentes del sistema son los siguientes:

1. Alcance
2. Referencias Normativas
3. Términos y Definiciones
4. Contexto de la Organización
5. Liderazgo
6. Planificación
7. Apoyo

8. Operación

9. Evaluación de Desempeño

10. Mejora Continua

Se incluye, además, una guía para el uso del sistema, y otra para la referencia del marco de trabajo en el manejo de sistemas de seguridad del tránsito vehicular.

Este sistema de gestión ISO 39001:2012 exhibe la compilación de todas las iniciativas de seguridad vehicular para cualquier tipo de empresa, eliminando la improvisación y adaptaciones inadecuadas, que son, lamentablemente, algunas de las constantes fallas y deficiencias recurrentes en las empresas que quieren mejorar sus índices de accidentalidad. La norma ISO 39001:2012 provee de contexto particular, como lo son las guías de implementación que han sido comprobadas de tener la más alta efectividad para reducir accidentes en las industrias específicas de clase mundial.

50. Indiferencia: la primera causa de muerte

Mucho se ha comentado sobre los accidentes de tránsito como la primera causa de muerte violenta en Nicaragua.

No obstante, es necesario señalar que las acciones que puedan ser tomadas por los diferentes estratos de las sociedades civiles, gobiernos, ciudadanía, *ONGs*, distan mucho de ser en manera alguna, efectivas, tomando en cuenta el *ethos* social del nicaragüense.

La verdadera primera causa de muerte no son los accidentes de tránsito, sino la indiferencia del conjunto de la sociedad.

El formidable informe del *Instituto de Estudios Estratégicos y Políticas Públicas (IEEPP)* del 5 de diciembre de 2012, puso en perspectiva la alarmante situación, con recomendaciones precisas efectuadas a los distintos entes, especialmente, la necesidad de reformar la Ley No. 431, la cual no es más que un prontuario administrativo sin "dientes" para cambiar conductas, entre otras puntuales sugerencias, tales como mayor capacitación a los agentes de Tránsito, mejorar sistemas de información de accidentes, etcétera.

En cualquier sociedad no indiferente, se hubiese iniciado de inmediato un debate para desarrollar un plan de acción que pueda hacerle frente a esta epidemia, pero ¿aquí qué pasó?

No ocurrió nada, cero debates, cero planteamientos; pura alharaca y cuadro de algunas personas por cuyos cargos y funciones dentro del país, deberían -al menos, desde el punto de vista moral-, convocar y liderar a la ciudadanía; empresas cuyos productos y servicios tengan incidencia en la problemática, para así desarrollar con base en este plan de acción, una priorización básica de medidas. Repito: aquí nada ocurrió.

Muchas veces para entender a esta sociedad, se tiene que recurrir al recurso de reducción al absurdo, *reductio ad absurdum*, para encontrar una contradicción que haga sentido en la *lógica al revés* del imaginario social nicaragüense, el cual me hace pensar entonces -sin miedo a estar equivocado-, que deben haber intereses que estén a favor de las muertes, lesionados, pérdidas materiales, pero sobre todo, del cercenamiento de las capacidades productivas, para que así, lógicamente, se sostenga dicha coyuntura de inacción y *acercadeísmo* (hablar eternamente de los problemas sin resolverlos).

Bajo este recurso conjetural deben -necesariamente- existir sectores interesados en que esta carnicería se mantenga, ya que, de otra manera, mínimamente, se atacaría el problema.

¿Será entonces -y no me critiquen por absurdo- que sí hay gente interesada en que mueran tantas personas?

Será acaso que hay sectores organizados cuyos trabajos formales están en las instituciones encargadas de resolver estos problemas, pero cuyo "*side business*" es el ofrecer, a precios convenientes: servicio de ataúdes populares, preparación de cadáveres, floristería, pompas fúnebres, organización de eventos y banquetes, nichos en camposantos, lápidas y marmolería, servicio de limpieza y preparación de tumbas, fábricas de urnas, fundición de placas metálicas, impresos para invitaciones, publicidad y *pautación* en medios, seguridad de eventos, vigilancia en parqueos, compra de chatarras, pulgueros de artículos personales ya sin dueño -y un largo etcétera-, que entonces no dejaría de ser lógico, pensando en la indiferencia manifiesta de estas personas.

Octavio Paz aplicaba a sus connacionales la frase que la considero y la edito también como nuestra: "La indiferencia del nicaragüense ante la muerte se nutre de su indiferencia ante la vida".

23-abril-2013

51. Accidentes en la industria eléctrica

Este sector es uno de los que genera mayor cantidad de lesionados y fatalidades. Los trabajos con riesgos eléctricos están omnipresentes en el funcionamiento de máquinas industriales, tableros de control, redes de transmisión, entre otros.

Las medidas estándares de Seguridad muchas veces son incumplidas, principalmente, por la primacía del sentido de urgencia y control presupuestario, entre otros factores contribuyentes, lo cual termina en situaciones verdaderamente desafortunadas.

Las empresas contratistas y subcontratistas, aunque pueden contar con personal capacitado, requieren fortalecer el proceso integral de análisis de riesgos para prevenir tragedias. Se pueden mencionar casos emblemáticos de muertes por electrocución, en los cuales las lecciones aprendidas -o bien no son extraídas en su totalidad-, o pierden la oportunidad de ser divulgadas e incorporadas formalmente a la matriz de experiencia colectiva de las empresas del sector.

Choque eléctrico por contacto directo con elementos en tensión eléctrica, quemaduras por arcos eléctricos, incendios y explosiones a raíz de mal funcionamiento de equipos o instalaciones -o principalmente por prácticas de trabajo verbales-, son la muestra evidente que se requiere fortalecer y estandarizar los procedimientos de investigación y análisis de accidentes por medio del *facultamiento* y capacitación de todo el personal de este sector.

Una de las situaciones más frecuentes y complejas para la empresa contratista, es el de cómo iniciar el proceso de investigación, y que este, no termine en un árido evento pasajero, finalizando tristemente con síntomas y evasivas en vez de obtener auténticas causas raíces autocríticas sobre el percance, y prevenir así la repetición de los mismos actos inseguros, errores humanos y omisiones administrativas y gerenciales, que causan tanto dolor a las familias de los deudos.

El problema no es sencillo, pero es una formidable oportunidad que debe ser impulsada para brindar guías de acción, normando el proceso de investigación y análisis de accidentes para las empresas del sector.

Es necesario entonces un marco de trabajo profesional para el proceso de investigación y análisis de accidentes, así como la escogencia de un método sencillo pero efectivo y adecuado a necesidades, efectuando una clasificación de las causas más comunes y facultar competentemente al personal de estas empresas en el dominio de la metodología.

Es preciso también que se pueda enseñar a identificar las recomendaciones apropiadas para evitar la repetición de las mismas causas y factores contribuyentes, dotando de un marco de referencia único sobre cómo identificar acciones correctivas y preventivas que verdaderamente tengan fuerza de cumplimiento, debiendo ser reportadas y sustanciadas ante la autoridad regulatoria.

Se deben definir también *reglas cardinales* o *reglas de oro* para el personal operativo que está en contacto con los riesgos eléctricos. Estas reglas deben ser puestas en vigencia por la autoridad regulatoria verificando su aplicación en el campo, como una base para las auditorías o para la reacreditación o cancelación de la acreditación anual como contratistas.

Existe una gran oportunidad para la industria eléctrica en estandarizar prácticas y herramientas de identificación y control de peligros, así como dotar de mayores habilidades al personal para aprender continuamente y mejorar el desempeño en Seguridad.

16-abril-2013

52. Trabajos con Riesgos Especiales

La ley 618 de Higiene y Seguridad del Trabajo en su artículo 290 establece esta clasificación para aquellas actividades que revisten riesgos relevantes para su realización.

Es importante tener en cuenta que en la industria en general, si no se adoptan metodologías especiales de prevención y mitigación de los peligros, estas faenas pueden ser generadoras de accidentes graves y fatalidades.

Los trabajos específicos a los que la Ley hace referencia -sin que sea dicha lista exhaustiva-, son los siguientes:

- Trabajos con equipos y recipientes a presión
- Equipos y cámaras frigoríficas
- Trabajos en altura, todos aquellos a más de 2 metros del suelo
- Labores de excavación y cimentación
- Demoliciones, explosivos
- Espacios Confinados

Todos estos trabajos tienen también requerimientos internacionales sobre los cuales se pueden especificar estándares y normativas de *OSHA (Agencia de Seguridad Ocupacional de Estados Unidos)*, siendo la referencia de normativas a nivel internacional, que con el tiempo son referenciadas y adoptadas por los demás países.

La ejecución de estos trabajos, debido a su peligrosidad, debe ser realizada sin fallas y requiere la adopción de herramientas administrativas de planificación, análisis de riesgos y organización de la secuencia y pasos del trabajo, así como por una detallada capacitación de la supervisión y del personal a cargo.

Una de estas herramientas es el Permiso de Trabajo, o como es también conocido por su origen en inglés, *Work Control Permit* (WCP), el cual es por definición un Análisis de Riesgo realizado obligatoriamente en el sitio de trabajo, siendo un medio y un proceso a la vez, para identificar, especificar, inspeccionar, referenciar, guiar y alertar -por parte de un emisor autorizado de esta herramienta-, a un receptor también competente, para que puedan —conjuntamente-, identificar de forma exhaustiva los peligros inherentes a la realización de dichas actividades, documentando las medidas de Seguridad Operacional a ser adoptadas, incluyendo para cada una, las referencias a procedimientos, normativas, diagramas y prácticas operacionales, que sean de conocimiento y dominio del grupo de trabajo.

Este sistema es de poderosa utilidad en todos los tipos de trabajos con riesgos especiales. En Nicaragua son pocas las empresas que emplean esta herramienta como sistema operacional, siendo mayoritariamente, en compañías que han adoptado o heredado prácticas internacionales de Seguridad Operacional.

Esta herramienta debe tener su proceso de aseguramiento de la calidad para que funcione adecuadamente. Una de las desviaciones típicas es el riesgo que sea realizado "por adelantado" -lejos del sitio de trabajo-, o en solitario por algún "sabio-a". Otra de las fallas comunes es que no incluya adjuntos o referencias a procedimientos específicos y otra documentación necesaria para realizar la tarea sin fallas u omisiones.

Las prácticas de auditoría exigen la revisión de un porcentaje específico de estos formatos una vez utilizados –típicamente un 10 % de los permisos de trabajo generados y cerrados-, así como la obligatoriedad de enviar una comunicación por escrito a las partes involucradas, detallando los hallazgos y medidas de calidad a reforzar.

Este es, además de un formato auditable, un documento pre-legal, el cual sirve como soporte de las responsabilidades en caso de un accidente que pueda llegar a judicializarse.

Es imperativa la capacitación y el nombramiento de las autoridades de este sistema para su implantación en una empresa, incluyendo la necesidad de desarrollar la documentación de Seguridad complementaria a la cual puedan referirse los usuarios en forma específica.

26-marzo-2013

53. Riesgos psicosociales y accidentes de trabajo

Uno de los problemas más complejos que se tiene hoy en las empresas es el conjunto de factores psicosociales que pueden afectar tanto la salud psicológica como la salud física, a través de situaciones disparadas inicialmente por el estrés crónico, entre otros precursores.

Frecuentemente estos factores de estrés y tensión contribuyen principalmente a la ocurrencia de accidentes laborales, debido a las conductas aceleradas, alteradas, no adaptativas, *disociativas*, así como al estado de degradación de la salud en general.

Algunas situaciones pueden afectar mucho más sensiblemente a una persona que a otra, por lo cual hay que tener un proceso de diagnóstico organizacional suficientemente inclusivo y, sobre todo, oportuno.

Ciertos factores psicosociales son: contenido del trabajo, carga y ritmo, horarios, control, ambiente y equipos, cultura organizacional, relaciones interpersonales, seguridad contractual, entre otros diversos, que de no estar balanceados puede hacer que la persona puede llegar a enfermarse seriamente. Son contextos laborales que requieren diagnóstico e intervención específica por puesto.

La persona va a experimentar un deterioro serio en su calidad de vida, y lo más peligroso, es que, debido a las condiciones socioeconómicas de nuestro país, esta puede llegar a caer en un círculo vicioso que tiende al agravamiento de su salud, puesto que las alternativas existentes para cambiar de trabajo son muy reducidas, o bien, nulas.

Los riesgos psicosociales -a diferencia de los factores psicosociales antes mencionados-, son ya los hechos, situaciones y estados del organismo que llegan a afectar al individuo.

Estos pueden ya expresarse en el estrés crónico antes dicho, como umbral a otras enfermedades; el *burnout* o *síndrome del empleado quemado*, violencia en el trabajo, acoso o maltrato laboral, acoso sexual, inseguridad contractual, entre otros.

Es importante señalar que existe dificultad en el diagnóstico organizacional interno, puesto que los factores precursores son particulares en cada empresa, un reflejo vivo de la mentalidad y ética de la alta dirección o de los propietarios –y siendo así–, quién tendrá el *valor civil* de diagnosticar entonces, si es sabido que nadie predica contra sí mismo.

Es por eso por lo que se recomienda la ayuda externa, o bien, la capacitación formal de RR.HH., gerencias y supervisión, para identificar e intervenir preventiva y oportunamente.

Es meritorio destacar la forma superficial o desinteresada con que a veces estos factores de riesgo psicosocial –los cuales llevan al desarrollo de estos riesgos psicosociales– son vistos en nuestro país. A veces, se piensa equivocadamente que todo se debe soportar irremediablemente.

Erróneamente se asume en algunas empresas que los ambientes de trabajo *son tal cual*; algunas afirmaciones son verdaderas *perlas* para manifestar realidades que deben ser corregidas: *"El sistema es el sistema"; "Aquí hacemos las cosas/somos así"*, evidenciando más bien desconocimientos sobre cómo poner en perspectiva el diagnóstico y las estrategias recomendadas para la adecuada intervención organizacional.

El efecto de estas situaciones basadas en riesgos psicosociales afecta terriblemente la productividad; es por eso por lo que deben ser tomadas en cuenta por el liderazgo mayor de la empresa, y resueltas profesionalmente, puesto que no es un problema que el azar o la inercia resolverán efectivamente. Hay que intervenir para lograr mejoras y prevención efectiva.

28-mayo-2013 – El Nuevo Diario

54. Fallas por mantenimiento inadecuado

Uno de los factores más frecuentes en accidentes industriales es la falla de equipos por la ausencia total de procedimientos -o con los que se cuentan sean insuficientemente efectivos- de mantenimiento de equipos.

Cuando se habla de *Mantenimiento Correctivo* es aquel que también se conoce como *Mantenimiento Reactivo*, que acontece luego que se presentan fallas que obligan a restituir la capacidad operativa de la maquinaria o equipo. Toma lugar mayoritariamente en las empresas que carecen de sistemas de gestión, que viven el principio *"úsese hasta que se dañe"*. Si no hay fallas de equipo, no hay mantenimiento, así de sencillo. Este enfoque es conocido también como *"Mantenimiento al Fallo"*.

Las graves consecuencias de una parada de producción no prevista son obvias; se tendrá que detener hasta que se consiga el repuesto o el equipo que tenga que reemplazarse. En las industrias de alta confiabilidad operativa, este tipo de mantenimiento es simplemente impensable, puesto que las consecuencias serían desastrosas.

Existe también el *Mantenimiento Planificado*, o bien, *Mantenimiento Preventivo*, el cual se efectúa en fechas o determinaciones pre-agendadas, las cuales generalmente guardan relación con los tiempos de duración de servicio de los equipos, período entre los cuales normalmente no se espera una falla operativa, por lo que entonces toman lugar las *paradas técnicas* de servicio.

La confiabilidad mecánica de los equipos de una empresa es una prioridad, que lamentablemente, no pocas veces es considerada en forma secundaria; no obstante, se ha incrementado cada vez más su importancia debido a que en ciertas condiciones, una falla puede llevar a resultados catastróficos, a un incidente de *Seguridad de Procesos*, -este hay que distinguirlo de los eventos simples-, de aquellos que son considerados como de *Seguridad Personal*, que originan como resultado lesiones en sus distintos grados, incluyendo fatalidades.

Gráficamente explicado: la caída de un operario desde un andamio es un incidente de *Seguridad Personal*, mientras que *Chernóbil* – con graves pérdidas inconmensurables en distintas perspectivas– fue un verdadero incidente de Seguridad de Procesos.

Algunas empresas se enfocan en demasía en la prevención de incidentes de *Seguridad Personal*, pero muy poco en los incidentes de *Seguridad de Procesos*, siendo que las consecuencias de estos pueden ser abismalmente mayores.

Es por eso por lo que la ausencia total de mantenimiento -o su insuficiencia o inadecuación-, son precursores de accidentes, tanto de *Seguridad Personal* como de *Seguridad de Procesos*. Es por eso la importancia capital de un programa de mantenimiento adecuado.

Una función tan importante como el mantenimiento no puede quedar al arbitrio y antojo de una sola persona; debe surgir de un plan establecido con detalles técnicos específicos, en donde la referencia y normativa técnica sean los anclajes fundamentales. Tampoco puede dejarse nunca en manos del operador o de los *traviesos* o improvisadores que puedan *voluntarizarse* para ello.

Hoy día la norma de mantenimiento en empresas de clase mundial está migrando hacia el *Mantenimiento Predictivo*, el cual está basado en pronósticos de fallas probables a futuro en los equipos y maquinaria que se dispongan, de manera tal que los reemplazos de los componentes se hacen con base en estudios de fallas y otras experiencias de la industria, fabricantes e instituciones técnicas, las cuales desarrollan guías basadas en experiencias verificadas de uso, que es un conocimiento ya acumulado que va más allá del concepto tradicional de *Mantenimiento Preventivo*, sino que tiene que ver con pronósticos estrictos de confiabilidad.

¿Cómo anda su plan de mantenimiento?

21-mayo-2013

55. Respuesta ante la emergencia

Frecuentemente se deja de lado la importancia de desarrollar procedimientos adecuados de respuesta ante la emergencia. Esto ocurre cuando en forma probable, aún no nos ha ocurrido ninguna situación que nos pueda impactar lo suficiente.

Es importante saber que la Ley 618 de Higiene y Seguridad en Trabajo, señala como obligatorias las capacitaciones en *Primeros Auxilios*, *Brigadas contra Incendios* y *Plan de Evacuación*.

También indica dicha importante normativa la obligatoriedad de establecer coordinaciones con el Cuerpo de Bomberos en caso de que sea requerido.

Generalmente, la visión es que no hacemos nada hasta que ocurre el evento que nos cambia la forma de pensar –situación que puede ser final- o bien, por una serie de eventos que nos señalan, por su repetitividad, la necesidad de establecer un plan estructurado y funcional.

En empresas que manipulan sustancias peligrosas, o bien, que almacenan grandes cantidades de material combustible, es necesario no solamente el desarrollo de este plan, sino la obligatoriedad de ejercitarlo las veces necesarias para perfeccionarlo.

La parte que quiero enfocar son aquellas conductas a todas luces irracionales, que hacen que los directivos de una empresa posterguen indefinidamente -o tengan siempre excusas con los temas de falta de tiempo o de presupuesto-, para empezar a pensar seriamente en estos temas.

Existe también una marcada autocomplacencia en suponer que dichos planes no deben ser revisados por alguien externo, ya que la mayoría de las veces son ejercicios relajados y sin críticas para los cuales se considera que el mérito más grande es plasmarlos en un papel.

Los simulacros siempre deben realizarse tomando como base las fallas o las lecciones aprendidas que se tuvieron en el ejercicio previo. No obstante, una tendencia que se sigue muchas veces es ver cada simulacro como un ejercicio nuevo, sin vinculación o seguimiento de los puntos en los que aún existían debilidades provenientes del simulacro anterior.

Existen otros temas también sobre los cuales se debe ser brutalmente honesto, por ejemplo, revisar el perfil de las personas al cargo del llamado *Comando del Incidente*. La persona que debe ser el *Comandante de Incidente* debe tener las mismas competencias que son requeridas para la mejor gerencia funcional que se pueda pensar.

En esta función no solamente se requiere liderazgo, habilidades de comunicación, sino que, en forma imprescindible también, sentido de organización y resultados.

Un buen *Comandante de Incidente* debe comunicar dando instrucciones específicas, así como solicitar retroalimentación cuando corresponda; supervisar y hacer presencia en el sitio y no ser un burócrata que solamente delega y que cuyo propio ejemplo es un pésimo ejemplo.

Esta persona encargada debe también evaluar la consistencia y adecuación del plan y exigir los recursos necesarios a la gerencia, puesto que un plan sin recursos disponibles y suficientes quedará reducido a una ilusión, o bien, a una falsa sensación de seguridad.

La efectividad de los planes de respuesta ante la emergencia nunca será mejor que la rigurosidad con la que los simulacros sean realizados. Si usted quiere que su plan funcione eficazmente, haga lo de las orquestas; que solamente los ensayos disciplinados determinarán la calidad de la actuación final.

7-mayo-2013

56. La indignidad de la muerte en el trabajo

La más reciente tragedia laboral ocurrida la semana pasada en Bangladesh acumula ya la escalofriante cifra de más de 420 muertos y más de 2,500 lesionados, al derrumbarse el edificio *Rana Plaza*, de ocho pisos, que alojaba al menos cinco fábricas de maquila en Dhaka, la capital.

El caso no es solamente terrible por el saldo, sino por el probado acto criminal ordenado por la administración del edificio, de no desalojar el inmueble cuando en horas de la mañana se había escuchado como preludio una explosión en los cimientos, y a continuación, el surgimiento de grietas visibles en la estructura a lo largo de varios pisos, provocando el colapso pocas horas después.

Este reciente acto viene a engrosar la lista de las innumerables tragedias —nunca accidentes— que ocurren en esta *Disneylandia* de la manufactura de bajo costo como es Bangladesh. En noviembre de 2012 un incendio industrial dejó como saldo 112 muertos, al encontrarse bloqueadas las salidas de emergencia con candados y barras de seguridad, lo cual hizo que, con las instrucciones del propietario, el inmueble se convirtiese en una trampa mortal

Esta situación es una verdadera radiografía de los tiempos que vivimos de hipocresía global, del *cinismo educado* y orquestado al ritmo de las comparsas de relacionistas públicos de las grandes empresas minoristas internacionales, que encargan la producción externamente para conseguir el más bajo costo posible —pero en circunstancias inauditas de indignidad laboral—, pretendiendo no conocer, no saber, no enterarse, de las condiciones en que esas prendas son confeccionadas -como se comprueba una vez más-, a costa de misérrimos salarios, de inseguridad laboral y desprotección social a niveles degradantes, quedando así revelado el oculto secreto de estas *ventajas competitivas* de dichas empresas globales, que manejan una depurada desvergüenza llevada a niveles artísticos.

La Unión Europea dice estar ahora "muy preocupada" por estos hechos reiterados, analizando recortar las cuotas de exportación desde Bangladesh si se continúa sin tomar medidas. La cadena irlandesa *Primark* y la canadiense *Loblaw* ahora alegan ignorancia y han ofrecido "indemnizar" a los familiares de las víctimas, basadas estrictamente en la referencia salarial de cincuenta dólares mensuales, que es el ingreso promedio de este ejército de desventurados, quienes no tienen otro remedio más que trabajar en medio de la indignidad y vileza de una muy probable muerte en el trabajo.

Es justo decir también que la gran mayoría de cadenas minoristas en Europa y EE. UU. tienen el mismo esquema de manufactura de *"ojos cerrados"*.

El negocio de la maquila es el 80 % de las exportaciones de este país de más de 150 millones de habitantes, el cual su gobierno tiene como misión servir invariablemente como abogado defensor de las empresas maquiladoras foráneas, en nombre de una malentendida "prosperidad económica".

El papa Francisco mencionó en referencia directa a este caso: "Aún hoy en el mundo esta esclavitud está siendo cometida contra algo hermoso que Dios nos ha dado —la capacidad de crear, de trabajar, de tener dignidad—".

Agregó: "No pagar un salario justo, no dar un trabajo porque solamente se piensa en los estados de resultados, en las utilidades, eso es algo que ofende a Dios", concluyó.

Aunque ha habido marchas locales pidiendo la pena de muerte para el propietario del complejo industrial —un allegado al Gobierno, traficante de influencias y de drogas—, que fue ya capturado junto con su padre y a dos ingenieros de su plantilla, se piensa que es otro episodio más de impunidad que del cual solamente quedará el cacareo y aspaviento, sin lograr ningún resultado preventivo en revertir estas alucinantes condiciones infrahumanas, las que son un reflejo de la oprobiosa moral contemporánea de consumo; que se todo se usa sin preguntar cómo están siendo producidos esos bienes que se venden fácilmente, sin tomar en cuenta ninguna regulación ética, convirtiéndolas también en prendas de sangre, pero sin ninguna historia interesante que contar o filmar, más que el anónimo sufrimiento de seres humanos reales.

El caso, lejos de sorprender localmente en Bangladesh, ha tenido al menos una resonancia internacional sobre un hecho que se ha venido poniendo cada vez más en evidencia, que es el inveterado fariseísmo de la vieja Europa, en lo que respecta a pronunciamientos y señalamientos llenos de *moralina*, en los cuales se predica en contra de crímenes de guerra, limpiezas étnicas, tráfico de especies, trata de personas, entre otros temas "políticamente correctos", sin arrugar la cara cuando se demuestra que no existe tal cumplimiento de esos paradigmas éticos por las propias empresas locales europeas bajo su jurisdicción y supervisión, y que, en no pocos casos, sus ejecutivos e íconos comerciales lideran campañas de Responsabilidad Social Empresarial, las cuales son una cara y fina distracción de élites, o bien, manipulaciones de la realidad conducidas por empresas cuya sensibilidad tiene la tersura de un ladrillo.

Familiares de las víctimas han rechazado -por una elemental dignidad- cualquier tipo de ayuda en las labores de rescate por parte de los gobiernos del Reino Unido y Canadá, debido a que son los verdaderos causantes de estas muertes, puesto que las inspecciones de seguridad que, según sus propios procedimientos de sus sistemas de gestión deben cumplir todos los proveedores —sin excepción—; o solamente existieron en el papel, o bien, en el prontuario de mentiras aderezadas con una exquisita verborrea de relaciones públicas, que es en lo que han caído este tipo de declaraciones hipócritas.

La burla y escarnio a cualquier parámetro o reserva ética es también ahora un producto industrial, con marca registrada y que se distribuye por los grandes canales de comunicación masiva que disponen estos emporios comerciales, cuyas gerencias carecen de cualquier escrúpulo más que una infinita codicia por bandera.

7-mayo-2013

57. Encuesta de Percepciones de Seguridad (2)

Frecuentemente se comete el error de establecer un programa de Seguridad Operacional (SO) sin haber efectuado las consultas con "los clientes", los usuarios más frecuentes del sistema, que es el personal mismo de la empresa.

Se establecen lineamientos, disposiciones y guías para la acción sin que se considere la participación del personal en la confección de las grandes líneas de ejecución del trabajo a realizar a lo largo del año, lo cual obviamente no dará ninguna identificación ni pertenencia a los colaboradores en la ejecución de algo para lo que no se les tomó ni mínimamente en cuenta.

No obstante, este error frecuente, algunas personas aún se preguntan el porqué de los resultados tan pobres, y paralelamente, se generan de inmediato ideas confusas sobre las actitudes del personal, deduciéndose que no les importa la SO, que no participa en las labores preventivas, que genera resistencia al cambio, entre otros argumentos.

Las empresas que administran la SO basadas en prácticas estructuradas y no improvisadas o especulativas, saben que una de las herramientas imprescindibles para calibrar las actitudes, pensamientos, expectativas y creencias del personal, es la Encuesta de Percepciones de Seguridad, instrumento que sirve para darle consistencia, canalización y dirección, al conglomerado de visiones particulares que puedan tener los colaboradores, sobre ellos mismos, sobre el ambiente de trabajo, pero principalmente, del sentimiento hacia las acciones que ejecuta la administración en los temas de SO.

Esta encuesta anónima y estructurada -que debiera realizarse de forma independiente en toda empresa que pretenda establecer la SO como un pilar fundamental-, presenta como en una radiografía, la verdadera percepción y valoración del trabajo que realiza el liderazgo mayor de la organización, calibrando, además, el nivel de compromiso. Esta herramienta define claramente las percepciones del personal sobre la adecuación o no de la gestión de SO.

Algunas organizaciones tienen una fuerte resistencia en aplicar esta encuesta como una forma o mecanismo de medir resultados y corregir rumbos y acciones para la mejora continua. No es inusual que se les tema a sus hallazgos, ya que, como toda encuesta, recoge lo positivo y lo negativo en las percepciones del personal hacia la gestión de SO.

No obstante, la aplicación de esta es una magnífica oportunidad de ver en primera fila las críticas que puedan surgir en la valoración de la efectividad y sinceridad del trabajo conducido por la gerencia y del resto del personal que gestiona la labor preventiva.

La encuesta debe ser administrada por profesionales externos, los sobres cerrados enviados por cada encuestado directamente a la encuestadora. Debe darse el mayor clima de libertad para que esas respuestas fluyan directamente hasta quienes están encargados de su tabulación y análisis, los cuales darán como resultado la verdadera valoración del personal sobre los puntos que a veces creemos unilateralmente que tienen valor agregado.

Las sorpresas son frecuentes en este ejercicio. Se puede obtener copiosa retroalimentación sobre la gestión de supervisión, acerca del uso de las herramientas de identificación y control de peligros, sobre la moral de trabajo, referente a las actitudes colectivas hacia tópicos específicos, así como la oportunidad de evaluar la labor de contratistas, incluyendo anomalías, *asincronías*, entre otros aspectos relevantes.

Algunas gerencias y puestos de supervisión piensan que no se debe *alborotar el avispero* ni desarrollar expectativas demasiado ambiciosas en el personal, eligiendo entonces vivir en la ignorancia y la pose, lo cual también es una forma básica –aunque patética- de felicidad.

☐

30-abril-2013 / El Nuevo Diario

58. ¿Producción vs. Seguridad?

Una alta proporción de los casos de accidentes laborales son causados por este conflicto real que existe entre las empresas: ¿Qué va primero, Producción o Seguridad? Esta no es una pregunta capciosa, es simplemente un reflejo de una enfermedad organizacional común hoy día, en la que la falta de alineamiento entre lo que debería ser y lo que en realidad ocurre.

¿Son contradictorias las metas de Producción con las de Seguridad? No, son más bien complementarias. El problema de la aparente contradicción surge cuando no hay muestras evidentes de modelamiento correcto de conductas por parte de la supervisión y la gerencia, sobre la prelación que debe tener la Seguridad Operacional sobre cualquier otro imperativo de negocios.

Cuando se dice *"Seguridad primero"*, debemos siempre preguntarnos:

¿Qué tan primero va la Seguridad en la realidad? pues muchas veces es solamente un slogan, una frase *cool* que es fantástica y muy vendible como declaración, pero lo que hay que indagar y sincerarse, es en qué tanto ésta se pone en práctica, siendo precisamente el punto focal para determinar.

En temas de Seguridad Operacional, cuando se deja de asistir a una reunión programada con anticipación, o cuando no se tiene tiempo para las inspecciones, cuando se deja de lado el cumplimiento de las recomendaciones, cuando no se toma una pausa para investigar y accionar sobre el último percance, o bien, cuando no son escuchadas las opiniones de aquellos que reportan situaciones de alto riesgo -y aún más- cuando no se proveen fondos para realizar modificaciones, mejoras, reducción o eliminación de riesgos evidentes, entonces no podemos decir "Seguridad primero". Esa palabra se convierte entonces en una frase vacía y hueca -un juego de espejos, un concurso de refinada hipocresía- la cual no tiene ningún anclaje en la realidad.

¿Qué se hace entonces? ¿Se deja esto así para no provocar olas, o bien, se debe taladrar hasta encontrar sus causas más profundas?

Es importante saber que, aunque las percepciones podrían no ser la realidad, estas son predictores muy confiables.

De este *desalineamiento* o asimetría entre lo que se dice con lo que se hace se extraen dos conclusiones que están siempre presentes en la mayoría de los casos de accidentes graves:

Primero, que en realidad la Seguridad nunca fue lo primordial; usted amigo lector, podrá entonces pensar que la Seguridad sea una segunda prioridad; pero no, incluso, puede ser la última, o bien, que sea simplemente inexistente.

Segundo: Asumiremos por un momento que sí sea la primera prioridad, pero que no se cumple porque también existe un problema real de comunicaciones efectivas, y que no haya suficientes mecanismos de articulación de esta visión de Seguridad Operacional hacia todo el personal. Es por eso lo importante de evaluar constantemente cómo se comporta el personal en forma solitaria, es decir, cuando nadie los ve, para concluir si se cumple o no con estas disposiciones.

Consecuentemente, hará falta toda una serie de medidas para poner en práctica como un valor verdadero el famoso dicho "Seguridad primero", debido a que también las percepciones toman tiempo en ser revertidas. Se requiere entre otras cosas, que, como gerencia, se deba preguntar lo siguiente:

¿Cuántos reconocimientos por conductas seguras se efectuaron en el último mes? ¿Se ha discutido en forma honesta con el personal los riesgos operacionales que ellos perciben como no atendidos o solucionados? ¿Se investigaron y atendieron las verdaderas causas raíces del último accidente? ¿Se ha determinado profesionalmente las percepciones sobre la Seguridad que tiene el personal, o piensan que es un valor o una palabra conveniente más? ¿Cuánto se ha invertido en Seguridad Operacional en el último semestre? ¿Cómo gerencia, me perciben como un político o como un líder?

18-junio-2013

59. ¿Accidentes vehiculares en la empresa?

En un estudio realizado recientemente en Argentina, el 60% de las muertes en el trabajo correspondían a accidentes de tránsito. Esta es una estadística útil para comparar localmente con los índices por empresa, debido a que puede haber similitudes muy grandes.

Las causas como siempre son múltiples y obedecen a precursores administrativos y culturales que no han sido identificados claramente, o bien, que no han sido atendidos como corresponde.

Durante los seminarios de mejoramiento de conductores empresariales, la pregunta número uno de los participantes es invariablemente: "¿y por qué no participa el resto del personal?", en este caso, la alusión es para aquellos coordinadores de transporte, jefes de mantenimiento, programadores de rutas, gerencias administrativas, etc., quienes deberían conocer no solamente los aspectos técnicos del manejo defensivo, sino también, las variables administrativas que inciden decisivamente en la ocurrencia de accidentes vehiculares. Frecuentemente, estas variables no son percibidas más que por quienes realizan el trabajo de conducción.

Algunas de estas son las siguientes:

Fatiga: No solamente está dada por las excesivas horas de manejo, sino por las asignaciones de turnos, itinerarios y recorridos a contrarreloj. Cualquier conductor que sea programado para asignaciones en donde su tiempo efectivo de descanso sea menos de ocho horas de sueño efectivo, experimentará fatiga crónica que puede ser eventualmente fatal al conducir.

Estado mecánico de los vehículos: Existe un concepto pernicioso y mal entendido del ahorro. En mantenimiento vehicular no se puede ahorrar, a menos que se quiera poner en peligro la seguridad del personal, de los pasajeros y de la carga transportada.

Seguridad Física: Algunas compañías inciden negativamente en la seguridad del personal propio al diseñar y mantener políticas administrativas que son intrínsecamente peligrosas o contraproducentes. El hacer viajes desde o hacia los departamentos, o bien, recorridos rurales extralargos en horas de la noche, potencian exponencialmente el riesgo de un accidente, e incluso un asalto, entre otros eventos adversos.

Las empresas con sistemas integrales de gestión desarrollan políticas adecuadas acorde con las situaciones frecuentes y eventuales. Después de las 6.00 p.m. un recorrido de dos horas o más puede ser realmente temerario. El pago de un hotel puede hacer más sentido para disminuir el riesgo.

"Supervisión por celular": En el síndrome que se le ha dado por llamar ahora "muerte por celular", es importante que cada empresa se auto diagnostique honestamente para identificar esas prácticas peligrosas e irresponsables de llamar a cada momento a los conductores. Cada llamada es una verdadera desviación de la atención del conductor, a veces, en forma absolutamente innecesaria y viciosa.

La adopción de políticas flexibles en donde se pueda responder a una llamada en un tiempo prudencial después de recibida -y jamás sobre la marcha-, reducirá indudablemente el número de accidentes.

Algunas empresas tienen esta práctica de "supervisión por celular", cuando en vez de controlar adecuadamente a los conductores, se incrementa el riesgo de accidentes por llamadas absolutamente innecesarias, o por vigilancia compulsiva, en muchos casos "maníaca", que no lleva más que a tragedias en las cuales puede haber una responsabilidad directa, o indirecta, incluso, penal.

La próxima vez que envíe a sus conductores a recibir capacitación de manejo defensivo, piense más de una vez en quiénes deberían participar, porque probablemente, sus conductores terminen siendo la minoría de la audiencia. A lo mejor el primero que debiera estar allí, es usted.

11-junio-2013

60. Lamentaciones y resistencia para invertir en Seguridad

Una de las paradojas de la Seguridad es que *a priori* no se pueden demostrar con precisión matemática los retornos sobre la inversión en ella, resultando que la alta dirección de una empresa piense que no vale la pena invertir recursos en ella, más allá de lo que aparenta ser obvio.

Esta es una de las trampas mentales más comunes cuando se quiere convencer a alguien que la inversión en Seguridad Operacional debe ser efectuada como un imperativo de negocio, mucho más allá de lo que se puede considerar "obvio" o "razonable", ya que la definición de este término dependerá –seguramente- de cuántas personas participen en la discusión.

Veamos un caso. Recientemente en una empresa con operaciones regionales el gerente de Seguridad Operacional se quejaba de las dificultades para convencer a la gerencia general, para invertir en un sistema de respuesta ante la emergencia adecuado al nivel de la inversión productiva, como resultado de las recomendaciones provenientes de un estudio practicado por una compañía independiente.

Se evidenció la reserva gerencial en hacer reinversión de utilidades para elevar a estándares internacionales todo el sistema de protección contra incendios, previniendo y mitigando así un evento que, de causarse, pudiera escalar a una verdadera catástrofe con elevadas pérdidas materiales, incluyendo, vidas del personal propio, e incluso, de terceros.

Pero no hubo eco alguno; se argumentó sobre la invariable personalidad de los propietarios, sobre la prioridad urgente de la inversión en capacidad adicional de procesamiento para cumplir con las metas de producción, de la necesaria renovación de equipos y maquinarias con tecnología de punta, así como la perentoria creación de nueva infraestructura productiva para ampliar capacidad instalada.

En conclusión: la dura realidad era que la inversión en Seguridad "no competía" en igualdad de condiciones ante el rígido orden de prelación establecido por la alta dirección. Entonces, ¿cómo oponerse a esto?

Si algo se cumple en este mundo es la infalible Ley de Murphy: *"Todo lo que pueda salir mal, ocurrirá"*. En unos meses a partir del estudio, se originó un fuego que consumió la casi totalidad de las instalaciones de proceso y almacenamiento, causando pérdidas centenares o acaso miles de veces mayores que lo que hubiese sido la inversión en un sistema robusto de respuesta ante la emergencia comparable a la inversión productiva.

Las paradojas de la mala gestión de Seguridad –lamentablemente– solo quedan expuestas *a posteriori*, cuando ya ocurrió el evento catastrófico y no hay entonces forma de retroceder la película, final que marca ahora el inicio del también vicioso concurso de echarse la culpa, muchas veces enfocándose en convenientes chivos expiatorios o en otros factores ilusorios, con la gustada postura o mantra del "se los dije".

A veces se desperdicia una alta cantidad de energía organizacional enfocándose en situaciones menores de incidentes, que pueden ser corregidas con un modelamiento de conducta más visible por parte de las gerencias superiores, perdiéndose de vista la posibilidad de un verdadero evento catastrófico al no invertir -o hacerlo pobremente- en infraestructura y capacitación de prevención y respuesta ante eventos catastróficos que pueden dejar a la empresa fuera del mercado.

Se piensa erróneamente entonces que la inversión en Seguridad es un gasto, cuando debería ser la primera de las adquisiciones que debe efectuarse como condición fundamental, antes o al igual que otros emprendimientos productivos. No ver lo obvio colectivamente también es una tara organizacional que requiere urgente tratamiento.

4-junio-2013

61. El complejo de *Supermán*

Esta conducta es una de las que causan la mayor cantidad de accidentes en nuestro país. Ocurre cuando alguien, principalmente en el contexto psicológico nicaragüense, exhibe una conducta de *"todo lo puedo, nada puede lastimarme"*, entonces terminamos teniendo un accidente, lo cual es un reflejo de nuestra pobre autoestima como individuos, permitiendo que nos ocurra una lesión, incluso la muerte, por demostrar que somos superiores a otros, de que tenemos más inteligencia que el resto, o bien -en el colmo de nuestra audacia-, que somos indestructibles.

Hay que penetrar un poco en las raíces psicológicas de esta conducta, puesto que tiene precursores muy notorios dentro de la sociedad en que vivimos. *La cultura del salvaje* (¡qué salvaje ese tipo! ¡Ese hombre es la ley!), aparece vinculada al temor enfermizo que se perciba que hay cosas que no sabe o que simplemente no puede hacer.

Las conductas que surgen entonces son las siguientes:

• Realizar trabajos que exceden nuestra capacidad, poniendo en peligro nuestra integridad física;

• Efectuar tareas con un riesgo excesivo pensando en que podemos destacarnos del resto del grupo por hacer *"hombradas"*;

• Conducir tareas para las cuales no tenemos suficiente conocimiento, pero creemos ilusamente que podemos aprender sobre la marcha;

- Ejecutar labores sin el equipo de protección adecuado (EPP), pensando que son refinamientos y delicadezas de alguien a quien percibimos con infinitamente menos testosterona que la nuestra.

Estas conductas son absolutamente equivocadas y deben de evitarse a toda costa.

El personal de supervisión debe estar vigilante ante este tipo de actitudes y comportamientos, pues reflejan una comunicación inadecuada de las expectativas correctas en el trabajo.

Es sorprendente e irónico que algunas veces estas situaciones de riesgo son propuestas por las mismas personas encargadas de realizar el trabajo.

El problema es que, aunque pueda moldearse la prevención de estas conductas al interno de las empresas, el personal que labora en estas organizaciones también estará recibiendo estímulos internos/externos a contravía de lo que queremos cambiar.

Se piensa que en esta conducta existe algo de neurosis también, la cual puede equivaler a lograr mediante ella un posicionamiento y favoritismo ante la supervisión, así como la pertenencia a un grupo de "incondicionales", lo cual, en nuestra cultura con tantas taras colectivas, hace que la audacia sea una medida superior de desempeño, aunque el trabajo realizado tenga calidad mediocre.

Ingenuamente, se estima que el arrojo, la audacia o bravura -traducidas en una irresponsabilidad y osadía para con nuestros dependientes económicos-, nos pondrá en un lugar de preferencia ante la supervisión, con la grave subestimación compulsiva de nuestra propia capacidad para resolver cualquier situación o evitar accidentes.

Si acaso nos encontramos trabajando en una empresa que se rige por valores en donde verdaderamente el ser humano se encuentra de primero, este tipo de conductas tiene que ser sancionada, y jamás deben ser premiadas en forma abierta o velada, ya que de lo contrario estaríamos promocionando la irresponsabilidad y la temeridad como medio de escalamiento organizacional, lo cual nos llevará tarde o temprano a un profundo arrepentimiento.

16-junio-2013

62. Parada de Trabajo Inseguro

En las empresas en las que la Seguridad Operacional se toma en serio como un valor empresarial, como un verdadero imperativo de negocios, existe lo que se denomina *Autoridad de Parada de Trabajo Inseguro*, el cual es una prerrogativa de cualquier persona dentro de la empresa, para detener labores que conlleve un peligro inminente para la integridad de las personas, medio ambiente o activos organizacionales.

Esto no solamente tiene que ver con el derecho individual a detener el trabajo o tarea que evidencie temerariamente un peligro claro, evidente y sin control, sino también, con el derecho a rehusarse a seguir órdenes si no existe una comprobada administración y control de peligros o medios de protección para evitar una lesión o fatalidad.

En inglés, esto es conocido como el *Stop Work Authority (SWA)* y es además un deber moral con el cual se empodera al personal de todos los niveles; una práctica operacional que tiene una verificación de cumplimiento positiva.

Cuando este derecho se pone en práctica, es decir, al existir las condiciones culturales en las empresas para facultar con ese derecho al personal, vendrán entonces beneficios muy notorios, debido a que su establecimiento es un recurso preventivo de última instancia, el cual puede hacer que los accidentes puedan ser evitados en el minuto final.

En Nicaragua son pocas las empresas que gozan de este privilegio, y estas, generalmente, ostentan un performance envidiable en Seguridad. En las organizaciones que no tienen esta práctica, existe un alto costo por decir no al realizar un trabajo peligroso y no controlado.

Muy probablemente, la consecuencia pueda terminar cuando menos en una amonestación, una sanción, o más típicamente, en un despido.

Pero entonces, surge más allá de este deber y derecho moral, la ley específica. La normativa vigente (Ley 618 de Higiene y Seguridad del Trabajo) señala en su arto 18, numeral 13, en las Obligaciones del Empleador: *"Suspender de inmediato los puestos de trabajo, que impliquen un riesgo inminente laboral, tomando las medidas apropiadas de evacuación y control"*.

También el arto 326 establece como infracciones muy graves, el no cumplimiento de las disposiciones de esta ley y que causen daños en la salud o produzcan la muerte, y entre ellas, el inciso (b) *"No paralizar ni suspender de forma inmediata el puesto de trabajo o máquina que implique un riesgo inminente para la higiene y seguridad de los trabajadores, o reanudar los trabajos sin haber subsanado previamente las causas que motivaron la paralización"*.

La ley citada protege este derecho, el cual puede ser difícil de ejercer por parte del trabajador debido a las características socioeconómicas de nuestro país; no obstante, es imperativo que, en las empresas, las gerencias puedan tomar conciencia de la necesidad de poner en vigencia esta obligación del empleador como una práctica operacional, ya que indudablemente redundará en un ambiente de trabajo más seguro.

Esto permitirá que pueda hacerse realidad el mensaje que la Seguridad Operacional es algo vivo y beneficioso y no un dudoso *slogan* más. Llevar a la práctica esta prerrogativa exige un cambio cultural, una verdadera visión y compromiso gerencial.

☐

2-julio-2013

63. Seguridad basada en memorandos

Algunas empresas se cuestionan por qué no avanzan en lograr resultados sostenibles en Seguridad Operacional. Se ensayan acciones, modas del mes y otras medidas efímeras que pierden energía apenas empiezan. Esto es especialmente frecuente cuando ocurre un accidente grave o fatal, y se piensa entonces que la actividad de la investigación misma es suficiente y equivalente a tomar medidas adecuadas.

Se establecen lineamientos administrativos, entre otras instructivas, de las cuales se piensa que son acertadas, solamente para verificar tiempo después su inefectividad y la inevitable recurrencia de las mismas situaciones que llevan a otro accidente, con similares características y hasta peores consecuencias, llegando todo eso a frustrar al personal.

Muchas de estas acciones administrativas tienen muy corta vida porque están basadas en memorandos gerenciales que no son más que deseos muy optimistas, y se refieren a una realidad que es a veces muy distante de la que existe en la fuerza de trabajo operativa.

Se piensa erróneamente por parte de la gerencia que lo que se instruye es lo que se hará sin dilaciones, solamente para encontrarse con una ficción que no corrige los errores y las omisiones de liderazgo.

Para administrar la Seguridad Operacional efectivamente se requiere más que memorandos y orientaciones ilusorias. Hay que visitar el campo, mostrar al personal que, para todas las labores realizadas, es importante que sean efectuadas con Seguridad, y que ningún objetivo de negocios puede ser meritorio si se sacrifica la integridad física del personal.

No se pueden conseguir resultados sostenibles si la Seguridad Operacional se deja solamente al cargo de los encargados nominalmente de esta, es decir, a los coordinadores de Seguridad. Esto es peligroso porque esta suposición puede convertirse más bien una aberración filosófica.

Las actitudes, comportamientos y el compromiso de aquellos que detentan una gerencia -principalmente la gerencia general-, son los que definirán verdaderamente la orientación y comportamiento que tenga el personal hacia la Seguridad, como su primera naturaleza preventiva.

Si después de un accidente se demuestra que no hay medidas serias, efectivas y enérgicas de involucramiento gerencial, el mensaje claro hacia la fuerza de trabajo será que ellos son también individuos descartables, sin más valor que el de remplazo por otro operario de igual nivel.

Saber que existe una inminencia de accidentes laborales, peligros que no se han atendido de una manera profesional, que hay exposición a agentes tóxicos o situaciones de riesgos psicosociales, no actuar es éticamente inaceptable desde cualquier filosofía humanista.

Recuerdo de mi experiencia en la petrolera, en la cual en una planta centroamericana el gerente general nunca visitaba el campo operacional, porque lo consideraba una pérdida de tiempo o acaso de *glamur*, y según su excéntrico código personal, tampoco dirigía la palabra a los contratistas porque según el afirmaba, era "inapropiado".

Tuvo esa conducta contraproducente consecuencias fatales, porque él consideraba que era suficiente con administrar la seguridad por memorandos, y al final, su salida de la empresa lo provocó un accidente fatal de dos supervisores, los que demostraron con sus valiosas vidas perdidas, que la ficción de este enfoque de gestión era imprudente y por qué no decirlo, hasta irresponsable.

La Seguridad Operacional debe ser vivencial, presencial y debe modelarse continuamente, no se debe jamás administrar con papelitos.

25-junio-2013

64. Cuidando de tu hermano

Uno de los casos más frecuentes que narran los participantes en los seminarios profesionales de Seguridad, es la resistencia para intervenir por parte del colaborador-a en llamar la atención a su colega cuando este comete una acción insegura, conducta que puede terminar en un accidente de trabajo con lesión y hasta una fatalidad.

Las razones son diversas, pero una de las más recurrentes es el miedo al conflicto, al que te digan que qué te importa, o bien, que tal vez no sabes cómo hacerlo.

El liderazgo mayor debería sondear estos eventos para determinar, aunque sea básicamente, la cultura prevaleciente en la organización, puesto que este tipo de omisiones pueden ser precursores importantes de accidentes. El temor, resistencia, o inhibición a que un individuo pueda hacer valer la conducta segura que ha sido predicada efectivamente por la administración, no debería existir, puesto que, de otra manera, es aceptar que la Seguridad Operacional es vista nada más como una molestia, un saludo a la bandera; pero nada más.

La labor del supervisor debe ser empoderar al colaborador-a quien ha llamado a otro la atención sobre la conducta insegura. Dicho supervisor-a puede enseñarle cómo apelar a la ética y valores en el trabajo, a la Seguridad como una condición de empleo, o bien, a construir un caso educativo de consecuencias positivas al seguir las reglas.

Es importante que el colaborador sienta que hay un apoyo firme de la supervisión en haber llamado la atención al colega para corregir el comportamiento inadecuado.

Por último, es que el supervisor pueda también enseñarles a las partes a abordar la anomalía desde la perspectiva de la imaginación creativa, sobre cuáles pudieran ser las motivaciones verdaderas que pueda tener una persona para conducirse de esa forma; y cabe preguntarle a la persona quiénes son las personas más importantes en su vida. Es probable que usted se sorprenda del poder de esa reflexión inducida. La autoestima a veces es un sentimiento muerto en algunas personas; es por eso por lo que realizan acciones peligrosas, ya que nadie les ha dicho nunca que son seres de valor, al provenir de hogares con maltrato doméstico, de los cuales esas mismas personas han sido víctimas por años.

Muchos supervisores/colegas toman erróneamente el lado negativo de la persuasión, intentando utilizar el temor y las consecuencias, por ejemplo, el despido, pasando por los recursos de las posibilidades de incapacidad permanente o parcial, y hasta la muerte, pero esto puede resultar contraproducente, especialmente por el efecto desconexión del refuerzo positivo que puede tener en la persona este tipo de esquemas.

Deben más bien alentarse los beneficios personales de las conductas seguras, el reforzamiento del sentido de crecimiento individual al modelar correctamente los valores organizacionales.

Se piensa a veces que decirle al colaborador: "Usted debe cuidar de su hermano en el trabajo para que no se lastime", es algo muy sencillo y que puede ser auto explicativo, pero no hay nada más lejos de la realidad.

Además de felicitar al colaborador por ejercer el derecho de intervenir -aún si la persona a quien se dirige es de mayor rango-, se le tiene que brindar elementos de interacción positiva para que no haga sentir disconforme al otro-a. No dude que el colaborador-a quiere ayudar a lograr un ambiente de trabajo seguro, el problema es que este muchas veces no sabe cómo hacerlo.

19-agosto-2013

65. Liderazgo para supervisores de Seguridad

Recientemente durante un seminario profesional, discutíamos sobre los atributos de liderazgo. La lista se llenó de características y cualidades, probablemente ideales, que pudieran hacer la diferencia entre alguien que logra resultados –aún modestos-, y aquellos "peces muertos", que nadan con la corriente, manteniendo el *statu quo*, conformándose con un estado de cosas paralítico y sin progresos notorios en Seguridad, los devotos del conformismo, castrados de voluntad para retar a los problemas y lograr un mejor desempeño.

Se habló de algunos ejemplos históricos, antiguos y modernos, desde Ciro El Grande, Rey de Persia (Irán actual), quien administraba personalmente justicia en los 22 idiomas de su vasto imperio, dando un ejemplo de credibilidad y confianza entre los pueblos conquistados -que a veces el solo hecho de hablar el idioma de los territorios por someter-, hacía más bien que los rivales no vacilaran en unirse bajo su mando.

Pero se nos quedaba uno más, acaso el más grande y desconocido de la modernidad. El mariscal *Chuikov*, y para honrar su memoria: *Vasily Ivánovich Chuikov*, el gran héroe y vencedor de Stalingrado, sin duda alguna, la más terrible y ardua de todas las batallas que tenga memoria el género humano.

Cuando este hijo de campesinos asumió el mando de defender la ciudad ante el brutal embate del VI ejército nazi, la ciudad estaba totalmente en ruinas, con soldados y civiles en el mayor desorden imaginable, un escenario difícil de empeorar. A su superior le quedó claro que *Chuikov* había comprendido la importancia capital de su responsabilidad, cuando éste le dijo: "Vamos a defender la ciudad o morir en el intento".

Mariscal Chuikov

Con tácticas que muchos puedan hoy tachar de cuestionables, organizó el combate acercando lo más posible las líneas soviéticas a las alemanas, para que el apoyo aéreo por parte de los invasores fuera nulo, por temor a impactar sus mismas tropas. Dispuso a los mejores hombres en los ataques de desgaste frontal, poniendo mujeres al mando de la artillería, algo impensable para entonces.

La táctica de proximidad y de lucha callejera fueron sus distintivos que permitieron ganar esa brutal batalla de 1000 días, hasta lograr embolsar al VI ejército alemán, el cual fue luego aniquilado en forma milimétrica e implacable.

¿Pero acaso esto no fue sólo ingenio o innovación?

Rotundamente no. La mejor cualidad de liderazgo de *Chuikov* fue su omnipresencia en el campo de batalla, frente a frente al enemigo, como un defensor más, comiendo el mismo *rancho* (ración de alimento) que su soldado más ínfimo. Varias veces estuvo cerca de ser alcanzado mortalmente por el fuego enemigo- modelando con su ejemplo la conducta específica que él deseaba ver en los suyos; no era un general de escritorio, como *von Paulus*, su rival alemán.

El valor de cambiar positivamente las cosas que se estimaban ya perdidas, la persistencia en luchar para cumplir con una misión encomendada -en la cual él vio una oportunidad de liderar con la mayor de las entregas-, arriesgando lo más valioso, su propia vida. No hay liderazgo más grande que el del propio ejemplo.

Mis saludos y reverencia a una verdadera representación del coraje humano.

16-agosto-2013

66. España: Muerte Por Distracción Celular

El reciente accidente en Santiago de Compostela, en donde el 24 de julio un tren se descarriló en una curva a 190 kph -cuando la velocidad reglamentaria era de 80 kph-, es una muestra de las brutales consecuencias de las distracciones tecnológicas en el desempeño de tareas críticas, tales como conducir, entre otras actividades de alta concentración. 80 víctimas fatales y 178 lesionados dejaron como saldo esta irresponsabilidad compartida entre los actores materiales y administrativos.

Lejos de pretender satanizar al celular, mi objetivo es ponerlo en su justa perspectiva de uso correcto y responsable, ya que está comprobado que su utilización es incompatible y peligrosa durante tareas críticas.

La investigación judicial que se ha realizado en Galicia pone en el tapete una discusión que, hasta ahora, como un tabú, había sido tenazmente eludida, como es la notoria permisividad y falta de supervisión efectiva sobre los maquinistas y sus distractores, y que sean estos ahora los factores sobre los cuales se tenga que normar estrictamente la prevención de estas llamadas eufemísticamente *"distracciones comunes"*.

El conductor del tren, debidamente capacitado y con una amplia trayectoria profesional, hasta 11 segundos antes de la catástrofe utilizaba un celular corporativo de comunicación exclusiva con el puesto de mando -y además de su propio móvil personal-, una tableta electrónica con fines recreativos también, en irresponsable operación a la hora del siniestro.

En las pruebas toxicológicas realizadas al maquinista, no se encontró evidencia de sustancia alguna más que cafeína, la cual se considera que no tuvo incidencia en el siniestro.

Luego de las pericias realizadas por la llamada *Policía Científica* se determinó que efectivamente, el maquinista se distrajo en forma épica, al omitir desde 4 km antes de la curva, la reducción obligatoria de velocidad, acto que implicaba también seguir atentamente la hoja de ruta, monitorear activamente los indicadores de posicionamiento y navegación del vehículo, y lógicamente, actuar en consecuencia.

Las discusiones en torno al accidente han migrado de la responsabilidad personal hasta hacia aquellas variables administrativas y de señalización, pero ahora que el rompecabezas se ha hecho más complejo, se focaliza sobre los aspectos de control operacional tecnológico para estos casos en los cuales pueda haber un error de juicio del maquinista.

Las discusiones gravitan ahora sobre el sistema de navegación automatizado, que es capaz de controlar por sí mismo la velocidad al entrar a una curva, pero que en su versión más avanzada no había sido instalada aún para este tramo, aunque el maquinista lo recorría habitualmente bajo control manual, jamás habiéndose registrado incidente alguno.

Estos argumentos acomodaticios son ahora esgrimidos por el gremio sindicalizado de maquinistas, ante la amenaza real para su afiliado de ser condenado como responsable único de la tragedia.

Al margen de esas y otras consideraciones, se estima que los argumentos del colectivo de maquinistas son dilatorios y *diversionistas*, y que aunque el sistema de operacional de navegación automática pueda ser incluido como un factor contribuyente eventual, hacerlo es restarle atención a la grosera e irresponsable distracción, la cual fue confesada por el mismo maquinista, minutos después que fuese rescatado con heridas de consideración, expresando que su "despiste" fue la causa de la tragedia, un evento catastróficamente equivalente a la caída de una gran aeronave comercial.

Dicho operador también había aprobado satisfactoriamente las pruebas psicológicas y psicofísicas que la empresa de transporte somete obligatoriamente a su personal, pruebas cuya efectividad hoy son cuestionadas y calificadas como un mero *saludo a la bandera*.

Sin embargo, nunca se dejó en claro el porqué de las omisiones y tolerancias de la propia administración, siendo factores determinantes de las causas finales del siniestro.

Este caso reviste gran utilidad para aquellas empresas que en nuestro país pueden estar contribuyendo gravemente a aumentar el factor de accidentalidad vehicular, mediante las persistentes llamadas de control y verificación que someten al personal de flotas de distribución y transporte, vicio administrativo conocido como "supervisión por celular".

La compañía propietaria del tren presentó como argumento la hoja de recomendaciones a los maquinistas sobre la forma segura en que sugerían contestar y hacer las llamadas celulares empresariales mientras conducen, siendo nula su aplicación práctica, ya que el carácter de *"recomendación"* carecía de exigibilidad, así como de mecanismos de verificación y control de ocurrencias, y que antes de la fatalidad, un accidente se consideraba tener una probabilidad tan baja, que dicha hoja no fue incluida en los manuales operacionales ni en los análisis de riesgos estándar de las revisiones técnicas.

Las causas de este evento tienen que ver con factores administrativos, específicamente, con las verdaderas prácticas operacionales con que la empresa se sentía confortable tener, modelar y promover –la ausencia de verificaciones de campo versus estándares de trabajo- y que provocó que las vagas recomendaciones de seguridad fuesen no más que un tributo más a la *papelística* - proliferación de material escrito sin ningún valor más que como desecho reciclable-, si acaso.

Los accidentes no se pueden prohibir por decreto; prevenirlos exige todo un esfuerzo de cumplimiento y modelamiento de conductas que debe incluir precedentes serios –dolorosos a veces-, tales como la terminación del contrato de trabajo. Esta medida extrema no debe ser vista como represión, sino más bien, como una decisión legal drástica de protección al pasajero, al personal involucrado, al público -e incluso-, a los activos de la empresa; elementos que deben ser el verdadero bien jurídico protegido, para que entonces se pueda hablar de Seguridad Operacional y sentido de prevención en forma creíble, y no tratar de engañar a los familiares de los deudos con pirotecnias verbales y excusas bobas, a quienes son hoy agraviados y revictimizados-, al escuchar la enorme vaciedad e irrespeto a sus inteligencias con la absurdez y el escarnio de las excusas esgrimidas.

26-agosto-2013 | La Prensa

67. Rendición de cuentas

Cuando ocurre un accidente, un error operacional, una auditoría de gestión con resultados menos que satisfactorios, o bien, situaciones que llevan a pérdidas no esperadas, hacen preciso poner en marcha un proceso de rendición de cuentas. No se trata en ningún modo, de la tradicional búsqueda de culpables o de quién fue físicamente la persona responsable de la falla, sino, indagar qué causó que se dieran esos resultados.

Cuando no se tomaron las medidas preventivas adecuadas, hacer un análisis post-mortem, al menos es útil para determinar cuáles fueron las circunstancias y factores específicos que pusieron a la organización en la ruta para que los resultados fueran tan desalentadores.

No obstante, es necesario hacer una advertencia: Se trata de ver cuáles fueron esos factores que, dentro del marco de trabajo, pudieran haberse escapado razonablemente de un accionar menos que satisfactorio, debiendo verificarse también si hubo acciones negligentes o irresponsables, o que a propósito pusieran en peligro la Seguridad Operacional del sitio de trabajo.

Si lo anterior fuera el caso, la organización también debe tener sus instancias, no solamente para establecer la responsabilidad de forma indubitable, sino que, en esos extremos, tomar acciones visibles como medida de seguridad para la protección del personal, incluyendo primariamente, medidas disciplinarias, y entre otras, incluso la terminación.

De lo contrario, la anarquía sería la norma. Estos casos son menos frecuentes que aquellos en donde existen legítimas fallas no-intencionales, que son el tema de estas líneas.

Se aceptan los errores honestos, pero jamás las violaciones intencionales de procedimientos conocidos y divulgados apropiadamente. No tomar acciones disciplinarias en estos casos, es también una forma de complicidad, por lo cual hay que trazar una línea bien clara con establecimiento de precedentes de referencia que sean conocidos para todo el personal.

Volviendo al tema de errores legítimos, la rendición de cuentas no trata de juzgar a las personas por no haber realizado los trabajos de una manera segura, sino comprender por qué hizo sentido para la persona el haber realizado la tarea imprudentemente, a contramano del ambiente físico y psicológico de seguridad en el trabajo. Este debe ser el verdadero objetivo de un proceso de rendición de cuentas.

Entender el conglomerado de circunstancias, eventos, equipos, actuaciones que pusieron al personal bajo la falsa creencia que obviar los procedimientos establecidos era una conducta aceptable -y saber con certeza en dónde se origina esa forma de actuación-, es un deber indelegable y exclusivo de la alta gerencia.

Muchas veces uno se encontrará en estos eventos desfavorables, que la persona tenía buenas intenciones en el sentido de su trabajo, pero que desafortunadamente, eligió una acción en que el ambiente y las normas establecidas de seguridad no fueron tan fuertes para prevenirlo, surgiendo entonces la necesidad de reevaluar las medidas de prevención para hacerlas efectivas.

Estos eventos deben investigarse de forma tal que no queden dudas de cuáles fueron los precursores de esas conductas, para tomar acciones gerenciales sistémicas que eviten su repetición. Es un imperativo organizacional que no se puede dejar de lado.

12-julio-2013

68. Comisiones Mixtas exitosas

Es singular el hecho de que los miembros de las Comisiones Mixtas de Seguridad en el Trabajo (CMHST) frecuentemente se quejen porque desde el punto de vista de gestión los resultados son escasos, siendo esta un órgano importantísimo de trabajo y consulta permanente para prevenir situaciones latentes de accidentes, ayudando así a la empresa a estructurar recomendaciones para una gestión más efectiva de la Seguridad Operacional.

Algunos también se quejan de la baja provisión de fondos por parte de las empresas para su adecuado y razonable funcionamiento.

A pesar de que la Ley 618 (Ley General de Higiene y Seguridad del Trabajo) es muy amplia en las funciones asignadas a este importante órgano —conocido en otras regiones como *Comité Paritario*—, siempre existe esa inquietud y escepticismo sobre sus verdaderos logros, no obstante que hay muchas también que obtienen resultados exitosos.

Veamos entonces cuáles son algunas de las características de aquellas que sí se destacan, para tomarlas como referencia y ejemplo:

1. Definición de indicadores claves de desempeño (KPI): se pierde de vista muchas veces que la gestión de cualquier comisión debe tener estos indicadores claves para cualquier período: número de propuestas o iniciativas de mejora enviadas a la gerencia; número de acciones correctivas de inspecciones ejecutadas en tiempo y forma; número de investigaciones de accidentes con todas las etapas cumplidas, entre otros diversos y útiles.

2. Retorno sobre la Inversión (ROI): una tendencia generalizada es pensar ingenuamente que la consecución de fondos, sin plantear iniciativas concretas, va a ser automática. Nada más lejos de la realidad. Una empresa se maneja por prioridades y no por antojos o asignación de fondos que no tengan un soporte técnico de costo-efectividad. Algunos encargados de comisiones proponen fondear recomendaciones o iniciativas sin concretar mínimamente cuál será el beneficio específico de esa inversión, desde el punto de vista, no solo de prevención, sino también económico.

Recordemos que un accidente representa para una empresa un costo grave en varias dimensiones, pero si los miembros de la CMHST no se enfocan en hacer un cálculo económico para asignar una tasa de retorno o valor de actual de la inversión a los fondos destinados a subir de nivel la prevención -al igual que se le aplica a cualquier otra iniciativa de mejora productiva-, ¿por qué entonces habría de ser diferente para las propuestas de la CMHST?

3. Modo Proyecto: ocurre que algunas iniciativas —aún buenas— no están programadas en el tiempo, no se les encuentra etapas lógicas, es decir, no existe una adecuada secuencia de acciones y evaluación de estas para determinar su efectividad. El problema de un anémico seguimiento y verificación de resultados es siempre patente en algunas comisiones mixtas.

4. Personal idóneo y competente: frecuentemente se hace notorio que, aunque la ley dispone que los miembros de las comisiones mixtas deban recibir una capacitación especial en temas de higiene y seguridad, esto pocas veces se cumple. Se evidencia entonces que las aportaciones o la calidad del trabajo producido es subestándar o defectuoso, o simplemente, que carece de profundidad o consistencia

alguna. Se requiere formar competencias en metodología de investigación de accidentes, manejo de reuniones, presentaciones efectivas, liderazgo, herramientas de identificación y control de peligros, entre otras materias. Cuando se analizan casos específicos de los resultados producidos por los miembros, en ausencia de conocimientos adecuados, se nota que se carece de metodología de manejo de comités, y cuyos miembros prefieren entonces no opinar, trabajando sin dirección, o hacer aportaciones sin sustancia, sin verificación -todo para salir del paso-, lo cual indica una necesidad urgente de revisión de los procesos de trabajo de la comisión.

La Prensa

☐

69. Fortaleciendo una cultura de Seguridad

Recientemente tuve el honor de ser invitado al Primer Foro Departamental de Higiene y Seguridad en Chinandega, en donde me tocó disertar sobre el tema *Construyendo una Cultura de Seguridad*. Fue un evento modelo que dice mucho de la proactividad de las empresas organizadoras y de las autoridades participantes.

Los enfoques de creación y fortalecimiento de culturas de seguridad están creciendo notoriamente, porque es a la larga, la única forma en que pueden resolverse los problemas relacionados con los accidentes de trabajo, y, por ende, otros aspectos de productividad y calidad. La Seguridad Operacional es un soporte fundamental para una efectiva gestión empresarial.

Pero ¿cómo se crea o cómo se fortalece una cultura de Seguridad? Primero definamos lo que es una cultura de seguridad, siendo simplemente la forma en que cada uno se relaciona con cada quien dentro de una empresa, en este caso particular, acerca de las vivencias referidas al *valor* Seguridad Operacional, o bien, en relación con el sentido de prevención de accidentes en el trabajo.

Es preciso remarcar que nunca se tiene una *ausencia* o *carencia* de una cultura de seguridad, sino más bien, se tienen culturas de seguridad positivas y negativas, buenas o malas, proactivas o reactivas.

Las culturas también se nutren o se matan de hambre. En nuestro país, el tipo de cultura más frecuente es aquella que causa - abierta o veladamente-, consecuencias punitivas para cuando se comete una genuina acción equivocada, es decir, sin mala intención, causando entonces rechazo y excusas en la persona, con una grave percepción de ser culpable o menos inteligente que el resto.

Es necesario entender que una cultura de seguridad vigorosa empieza, precisamente, cuando se reconoce la importancia de siempre reforzar los comportamientos positivos en todos los niveles organizacionales.

Cuando se comete un error y se dice en forma elemental o embobada, que fue "un acto inseguro", entonces no estamos abonando en nada al mejoramiento de la cultura, puesto que para lograrlo debemos primero identificar las razones o causas -y luego los sistemas gerenciales correlativos a los que pertenecen estas causas-, que hacen que la persona actúe de esa manera.

Hoy día, la mayoría de los llamados *actos inseguros* no son más que problemas que tienen que ver con liderazgos inadecuados y sistemas gerenciales disfuncionales, promoviendo conductas que dañan gravemente la gestión de Seguridad Operacional, debido a un deficiente entendimiento por parte de las gerencias sobre cómo fluyen los modelamientos –positivos o negativos- desde arriba hasta el último nivel del escalafón organizacional.

Otro de los aspectos que deterioran la cultura es la desconfianza entre lo que se dice y lo que se practica abiertamente. En diversas empresas se dice pomposamente "Seguridad Primero", pero esta no pasa de ser una frase cajonera, conveniente, puesto que algunas gerencias ciertamente que ni se asoman a los eventos de seguridad, considerándolos temas subalternos o sin glamur alguno.

¿De qué cultura de seguridad se hablará entonces, cuando ni siquiera se conocen los problemas que son percibidos por el personal?

Otra conducta para desnutrir una cultura es no involucrar al personal en el proceso activo de resolución de problemas. Ellos conocen acerca de todos los problemas operativos, y son también capaces de proveer respuestas efectivas para solucionarlos. Al no proveerles participación o *facultamiento* se provoca una baja moral que los lleva a un desinterés por involucrarse, creando entonces un círculo vicioso para la ocurrencia de más y más accidentes.

70. Padres de conductores jóvenes

Vivimos en una sociedad adicta al riesgo. No solamente por las conductas permisivas que pueden darse como padres al supervisar la conducción vehicular de nuestros hijos, sino también por el bajo nivel de interés que mostramos en comprender los riesgos involucrados, los cuales, debido a la ausencia de información institucional disponible y confiable, hacen que —aunque queramos ver hacia otro lado—, el problema no desaparezca, y hoy la probabilidad de fallecer en un accidente de tránsito es la primera causa de muerte violenta en nuestro país, especialmente para el segmento entre 20 y 25 años. ¿Acaso lo duda? Lea los periódicos.

El conocimiento de la Ley 431 y las pruebas de manejo son solamente un requisito los cuales deben cumplirse tal cuales. No se brinda formación adicional ni tampoco una inducción moral –tanto a los conductores jóvenes como a los padres de familia—, ante las responsabilidades que se adquieren ante el hecho de conducir un vehículo.

Se carece de esa formación y concienciación de quienes son los mayores responsables morales: los padres, quienes ven con una inocencia candorosa –pero cómplice-, el hecho de que el joven pueda ya tener edad o condición para conducir.

Mayoritariamente en Nicaragua, no existe compromiso entre padres e hijos jóvenes para *mentorear* la conducción vehicular; se deja al azar este proceso de formación eventual, de forma casual e improvisada. Es paradójico, pero en el surrealismo de nuestra cultura se estima que, a mayor riesgo, hay una mejor sensación de autosuficiencia.

No se muestra por ningún lado las expectativas de las conductas que deben guardar el conductor adolescente o adulto joven. Tienes una licencia de conducir, y a manejar se ha dicho, sin límites. A continuación, se presenta alguna información de interés para los padres, la que ha sido obtenida de países ordenados y con procesos de cambio cultural sobre la conducción vehicular:

1. Los conductores jóvenes hacen el 15 por ciento del kilometraje recorrido durante la noche, pero el 40 por ciento de los accidentes fatales ocurren durante ese período. Aún para el conductor experimentado, las posibilidades de accidente nocturno aumentan tres veces en comparación con el día.

2. A mayor número de pasajeros mayor posibilidad de accidente. Para conductores jóvenes, el hecho de tener un pasajero aumenta en 48 por ciento la probabilidad de accidente por la denominada *distracción conversacional*. El riesgo crece exponencialmente cuando se añaden dos pasajeros: 258 por ciento; 307 por ciento más de posibilidades cuando hay tres o más. El entorno social en un vehículo en marcha es un factor brutal de ocurrencia de fatalidades.

3. Uso de celular al conducir. Extraño pero muy imaginable, en Nicaragua "no se llevan" estadísticas de las muertes causados por uso del celular al conducir, para hablar, o bien, chatear, que es lo que mayoritariamente hacen los conductores

jóvenes. Informe a su hijo-a sobre esta causa de "muerte por celular".

4. Licor y presión grupal: Debería ser extraño que Nicaragua no tuviese al menos los mismos índices de muerte de la región: 33 por ciento de los jóvenes conductores muertos entre 20 y 25 años había estado bebiendo. La presión de grupo es el mecanismo más fuerte que hace que los jóvenes —hombres y mujeres— consuman licor en forma desenfrenada. Debe estimularse y premiarse al llamado *conductor designado*, porque es tal vez el recurso último que puede salvar una vida.

La recomendación para los padres es involúcrese, no lamente después.

71. Seguridad: retorno sobre la inversión

Ocurre que cuando se solicitan fondos para una determinada inversión en Seguridad —si no está bien justificada desde el punto de vista de un accidente reciente-seguramente se encontrarán con un sinnúmero de barreras administrativas, burocráticas, o bien, de no-credibilidad, puesto que en nuestro país impera mayoritariamente el enfoque reactivo y no el preventivo, así como un impulso débil por la mejora continua, ante los percances y situaciones que ingenuamente se denominan "accidentes de trabajo".

Adicionalmente nos encontramos con la paradoja siguiente: "si no estamos teniendo accidentes, es que vamos bien, y si es así, ¿para qué entonces invertir, si es obvio que estamos conduciéndonos en forma adecuada?". Al razonar así, entonces se vuelve más difícil la justificación de las inversiones en Seguridad Operacional, más allá del enfoque simplista de reemplazo de Equipo de Protección Personal (EPP), entre otras obligatorias. Es la paradoja de la Seguridad, entre mejores resultados se perciben, menos se quiere invertir.

Se pierde de vista entonces que los beneficios de una inversión continua -razonada, metódica, específica- en mejoras a la Seguridad Operacional tiene beneficios que no hay estado de resultados ni balance general que puedan evidenciarlos, pero que son intangibles que hacen que aumente la competitividad general y la confiabilidad operativa de toda la empresa.

Tampoco se tiene un factor medible de cuántos percances se han evitado, desde muertes, discapacidades y lesiones, hasta eventos que hagan peligrar la reputación corporativa. Mantenerse conscientemente en una trayectoria de Seguridad Operacional controlada -invirtiendo inteligentemente en análisis de riesgos, auditorías de seguridad, inspecciones, mantenimientos predictivos, capacitación específica certificada, entre otros aspectos-, hacen que la integridad operacional sea un ejercicio de forma consciente, pero jamás por casualidad.

¿Cómo medir entonces las ineficiencias organizacionales de la ocurrencia de accidentes, el deterioro de la moral del personal ante las situaciones latentes que puedan resultar en eventos lamentables, la percepción de un trabajador (a) hacia la gerencia de la empresa, si estos conceptos no tienen una expresión tangible?

Existen empresas que inician con excelente paso —típicamente como parte de un proceso de certificación ante una norma de gestión— y logran resultados espectaculares como parte de la iniciativa, pero van perdiendo fuerza y fuelle después de años consecutivos de razonable desempeño, cayendo después a niveles de accidentalidad, incluso peores a los que se tenía antes de la certificación. ¿Por qué ocurre esto?

La complacencia, la falta de verdadero liderazgo -especialmente el gerencial-, hace que se vaya racionalizando mentalmente una "banda aceptable" de accidentalidad, que perdido ya el interés por algo que se logró -en este caso la certificación-, hace que no se encuentre otro estímulo comparable. Esto trae a colación aquel dicho de que nada adormece más que el éxito pasado.

Es entonces cuando se debe retar a la organización a salir de su zona de comodidad y determinar la verdadera percepción del personal sobre la gestión organizacional. Los eventos lamentables son perfectamente predecibles dentro del horizonte de sucesos de una organización que no se reta continuamente a sí misma a alcanzar nuevos resultados. ¿Qué cosas no estamos viendo y cuáles deberíamos observar con mayor detalle? ¿Existe credibilidad del personal en nuestros procesos? ¿Hacemos apenas lo mínimo requerido o menos? ¿Estamos verdaderamente preparados?

72. Necesidad de un Manual de Seguridad Vehicular

Una constante en los cursos de mejoramiento de conductores empresariales ha sido la gran cantidad de situaciones riesgosas y actos inseguros provocados por factores personales, administrativos y culturales, los cuales son precursores de accidentes fatales. Veamos algunos:

- Inexistencia de reglas cardinales de conducción.
- Falta de directrices claras sobre el cumplimiento de las normas de seguridad.
- Ausencia de políticas establecidas sobre horas o jornadas máximas de manejo (fatiga).
- Falta de procedimientos específicos / de idoneidad para la investigación de accidentes.
- Carencia de un programa de capacitación en seguridad vehicular inicial para personal nuevo.
- Insuficiencia de chequeos pre-salida del vehículo.
- Falta de un método técnico específico de mejoramiento de conductores.
- Ausencia de auditorías internas de conducción segura.
- Inexistencia de política sobre uso de celular al conducir.
- Falta de requerimientos mínimos de Seguridad para la compra de vehículos.
- No existencia de Política prohibitiva de Alcohol y Drogas.

No obstante, lo más sorprendente es que algunas situaciones peligrosas promovidas administrativamente son tan comunes que hasta pasan desapercibidas, hasta que ocurre un accidente trágico.

La mayoría del personal está consciente que hay peligros inherentes a la conducción con distractores, pero, aun así, se siguen ejecutando estas prácticas estimuladas/toleradas por la administración de las empresas.

Por ejemplo, fue sorprendente que algunas personas no solamente aceptaron realizar este tipo de conductas, sino que admitieron que las llevan a niveles casi-artísticos, sino fuese por su altísima peligrosidad: *"Señor instructor, yo no solamente chateo al conducir, sino que a veces hasta voy bajando canciones del internet"*, manifestaba una joven conductora de una empresa ante la mirada estupefacta de la audiencia.

Debido a una inveterada cultura de tolerancia máxima por parte de empresas que tienen flotas vehiculares de ventas, distribución, cobros, gestiones, así como por irresponsabilidad personal del conductor quien realiza acciones muy peligrosas, es por lo que ocurren terribles accidentes viales. Es entonces aquí en donde surge la necesidad –entre otras medidas– de desarrollar un manual de seguridad vehicular interno, en donde estén consignadas las políticas, procedimientos, guías y sanciones a los conductores, así como las disposiciones administrativas obligatorias también para el personal de supervisión, incluyendo el de nivel gerencial.

Debe incluirse en dicho documento las conductas esperadas y las prácticas prohibidas para que las responsabilidades estén claramente definidas, previniendo que nadie aumente arbitrariamente el vector de riesgo de quien conduce un vehículo en gestiones de negocio para una empresa.

Experimentamos un brutal incremento en la cantidad y severidad de accidentes vehiculares, y uno de los generadores principales es la ausencia de mecanismos de autorregulación dentro de las empresas, las cuales por norma legal deben establecer pautas, controles, verificaciones y mediciones de desempeño para promover las conductas seguras y así evitar accidentes en todos los procesos del negocio.

Aquí el punto no es solamente tener en claro que es una obligación empresarial ineludible el establecer un marco de trabajo para mejorar continuamente el desempeño de seguridad vehicular, sino que es también una responsabilidad primordial del operador, quien, en última instancia, debe ser el principal interesado. Cumplamos con la ley.

16-octubre-2013

73. ¿Fiscalía de Seguridad y Salud Laboral?

Recientemente en Venezuela se ha creado una Fiscalía Especial para casos relacionados con accidentes laborales e insalubridad en el trabajo. No obstante que nuestra legislación tiene como base fundamental la Ley 618 —Seguridad e Higiene en el Trabajo, y otras regulaciones conexas—, es importante hacer un debate sobre el cumplimiento de ese marco normativo, no desde el punto de vista superficial, sino de la efectividad en la disminución verdadera y sostenible de accidentes y enfermedades ocupacionales, para ver si ha habido un cambio en la cultura laboral, tanto para los empresarios como para los trabajadores.

Nuestro Código Penal ya contiene artículos específicos aplicables en forma particular para estos casos -el 159 y el 317-, los cuales señalan las conductas específicas y su correspondiente sanción.

No obstante, el debate podría plantearse en términos de la especialización de la materia y la celeridad del proceso que se requiere para efectos de proteger los derechos de los trabajadores -que en la mayoría de los casos de accidentes de trabajo conocidos por quien escribe-, terminan en situaciones arregladas que distan mucho de proteger la integridad de la persona, disminuyendo su calidad de vida, con la terrible desprotección e indefensión económica de sus dependientes, propulsado principalmente, por la permisividad y lenidad de los arreglos entre las partes, aplaudidos por los jueces por ser un trabajo menos a realizar en la ya paralizada, parcializada y viciada administración de justicia de Nicaragua.

Sería importante hacer un balance entre la verdadera dimensión del problema de la accidentalidad en nuestro país versus los recursos destinados a corregir, mitigar —pero sobre todo, a prevenir— la incidencia de los accidentes de trabajo, incluyendo aquellos de tipo vehicular, que hasta ahora son tratados groseramente como eventos fortuitos o eventuales, o bien, como situaciones sin responsabilidad por parte de la administración empresarial que, sin duda alguna, saben perfectamente de las condiciones y actos inseguros que tienen que ser realizados por los trabajadores para cumplir con las labores cotidianas, en donde no pocas de las conductas riesgosas tienen origen en la forma en que la gerencia ha elegido administrativamente que el trabajo sea realizado.

Me refiero a los conductores transportistas a destajo, motociclistas los de reparto, los obreros de la construcción, el personal informal de las personas naturales o jurídicas -contratadas o subcontratadas- del área de mantenimiento que ejecutan trabajos en altura, eléctricos, minería, etc., incluyendo a los encargados de colocar vallas publicitarias, manteros, entre otras ocupaciones peligrosas.

Es posible que de este análisis pueda salir como conclusión la necesidad de una Fiscalía específica en las materias citadas, aunque el manido argumento empresarial de que con penas mayores no se cambiará el comportamiento, estaría aún por verse, puesto que en países en donde las consecuencias personales de acciones u omisiones gerenciales en temas de inseguridad laboral, pueden cambiar la vida de un ejecutivo-a, lo que implica que el comportamiento preventivo sí puede modificarse en forma notoria con este enfoque, con una mejoría en la cultura general de prevención.

No obstante que pueda haber opiniones que califiquen como idealista una Fiscalía de seguridad y salud laboral en Nicaragua, será necesario hacer un análisis para determinar su viabilidad, para entonces colaborar con las autoridades y empresas en mejorar la seguridad del trabajo. Tal vez peque de exceso de idealismo, pero estimo que Nicaragua necesita hoy más que nunca inmensas cantidades de idealismo.

27-noviembre-2013

74. Seguridad "Pop"

Hoy se escribe mucho sobre el término *"pop"* para mencionar aquellas áreas del conocimiento, por ejemplo, *psicología "pop"* (de popular o en boga), en donde los autores -verdaderos aficionados o incluso profesionales del entretenimiento-, son percibidos por el público como psicólogos; pero no por sus logros académicos, sino únicamente por la percepción que han proyectado de sí serlo.

Esto mismo pasa en el área de Seguridad Operacional, en la cual existen empresas y ejecutivos que hacen de esta el más "pop" de todos los enfoques. Es algo curioso y digno de analizarse, porque la verdad, que cuando uno ve por vez primera este tipo de actuación, tiende a creer en todo lo que se le muestra, siendo meramente artes depurados del marketing diminuto y de baratijas de relaciones públicas.

Esta conducta se expresa mayoritariamente en rótulos y rituales organizacionales, o bien, en declaraciones altisonantes que no tienen fundamento en la realidad: *"Usted está entrando a una empresa limpia y libre de accidentes y por lo tanto… bla, bla, bla".*

Esto está bien desde el punto de vista declaratorio, de imagen, de corrección política, pero se debería corresponder verdaderamente con el cumplimiento de las normas de Seguridad Operacional, las cuales deben tener su anclaje básico en las disposiciones legales.

Se narra la historia de una organización que invertía en serio solamente en rótulos y material desplegable, sobre la supuesta orientación hacia la Seguridad; no obstante, sus prácticas eran bastante curiosas. Afirmaban que no se tenía a ningún encargado de Seguridad *porque todos lo eran*, lo cual resultaba un poco confuso cuando había situaciones que debían reportarse, puesto que no había nadie que facilitara el proceso. Era un enfoque como el de Dios: estaba en todos lados, pero nadie lo había visto.

Se decía que la empresa era tan segura que ni siquiera ocurrían casi-accidentes o accidentes sin pérdida, por lo cual estos no se reportaban, pero la realidad era que había un memorándum en el que se prohibía cualquier práctica de reportar accidentes o casi-accidentes, porque se consideraba que atentaban contra la reputación de las gerencias y de la empresa en general. Cualquier evento debía únicamente ser comunicado al supervisor del área, pero jamás reportado por escrito.

Los materiales impresos señalaban la indeclinable fijación de sus ejecutivos por la Seguridad Operacional y el sentido de prevención de accidentes, pero estos nunca visitaban el campo ni las operaciones principales. Si en algún momento lo hicieron, fue solamente en alguna ocasión especial, y estos se extrañaban que nadie los conociera, ya que el personal de campo en ocasiones -guardas de seguridad un poco confundidos- les preguntaba su nombre y que de cuál empresa contratista provenían, y no pocas veces, que con quién tenían reunión.

Para analizar las estadísticas de seguridad en las reuniones mensuales, esta debía hacerse en 30 segundos; no se daban detalles específicos porque no venían al caso ya que se verían después, según sus ocupados ejecutivos.

Los vigilantes y encargados de inspeccionar los camiones de carga hacían su trabajo con mucha confusión, puesto que no se sabía si se debía cumplir con los formatos de inspecciones o con lo que les mandataban los propios vendedores, ya que el formato prohibía la entrada de camiones sin extintores de fuego, sin embargo, por parte de -Ventas se les ordenaba dejarlos pasar expeditamente y sin revisar.

Era la expresión viva de la *Seguridad pop*, un juego de espejos para dar a creer valores organizacionales sin ningún anclaje ético creíble, el juego preferido de nuestros tiempos.

11-noviembre-2013 / La Prensa

75. Acoso laboral

Esta es una de las epidemias silenciosas y sobre las cuales muchas veces se prefiere callar y no indagar, porque se piensa erróneamente que no vale la pena o que son situaciones "normales".

No me estoy refiriendo al acoso sexual, sino a aquellas conductas llevadas a cabo por el supervisor a colegas de trabajo, en contra de una persona y que causen en ella malestares, perturbaciones, molestias, agresión de baja intensidad, burla, ridículo, degradación, deméritos, y toda una gama de situaciones que puedan tener consecuencias y afectaciones psicológicas en su trabajo.

Se piensa a veces que la mayoría de los casos son causados por supervisores intolerantes, dominantes o incluso sadistas, pero, en realidad, hay muchas vías por la cual esta situación se presenta.

Es muy común en nuestro país, en donde existe una marcada cultura de la *ridiculización*, o bien, de la llamada *"jodedera"*, lo cierto es que estas conductas a veces provocan etiquetamientos que se llegan a convertir en verdaderas afectaciones psicológicas, entre estas, depresión, *síndrome de burnout* o del empleado totalmente agotado, ansiedad, agresión, incluso, desórdenes musculoesqueléticos. Lo singular, según investigaciones realizadas por la *Universidad Simon Fraser* en Columbia Británica, Canadá, es que este tipo de acoso no solamente afecta a quien es víctima directa, sino también a los espectadores, a aquellos testigos pasivos de esta situación.

Este tipo de conductas dirigidas hacia una persona pueden mantenerse fuera del radar organizacional por muchos años, hasta

233

que un incidente salta y se transforma en violencia pura y se pone en evidencia el tamaño del problema que había sido obviado, o para el cual se pensó que la tolerancia social -que existe también- iba a permitir que la situación se solucionara por sí misma. Error.

Lo triste es que muchas veces estas situaciones no se reportan porque culturalmente se piensa que es desacertado denunciar su ocurrencia por varias razones, entre ellas, la falta de confianza en la organización, las influencias y los juegos de poder interno, así como los referentes éticos, muchas veces inexistentes en las empresas, incluso, en aquellas que vociferan y pregonan supuestos valores corporativos. Me consta personalmente esta situación.

Ocurre también que cuando la situación proviene de un supervisor-a, al reportarla a Recursos Humanos, lo más probable es que nada ocurra, o bien, que se torne peor para el denunciante, y termine eventualmente con un despido de "espoleta retardada", en la cual se diseña un proceso para terminar al "elemento insurrecto", como un disuasivo -y como una muestra fatídica también-, para el resto del personal.

Las empresas deben definir y divulgar en forma clara los siguientes puntos:
- Mensaje preciso e indudable que el acoso laboral no será tolerado.
- Definición específica de acoso laboral y ejemplos correlativos.
- Descripción de la conducta ética esperada, incluyendo para supervisores y gerencias.
- Hacer saber que hay un procedimiento de investigación de acoso laboral con etapas identificadas y tiempos definidos, garantizando la confidencialidad del proceso.

- Las posibles consecuencias de los resultados comprobados.
- Advertencia sobre las consecuencias al denunciante si la queja es espuria, maliciosa o falsa.

Se debe dejar en claro que el acoso laboral es una conducta inaceptable y que existen mecanismos específicos para prevenirlo y sancionarlo.

13-noviembre-2013

76. Equipos de Protección Personal (EPP)

Es importante saber que los Equipos de Protección Personal (EPP) son el componente menos efectivo de la Jerarquía de Control de Peligros -mecanismos de control riesgos en el trabajo-, puesto que primero que todo debe tratarse de minimizar esas situaciones por medio de sus recursos secuenciales, 1) eliminación; 2) sustitución; 3) controles de ingeniería; 4) controles administrativos; y por último en el menor grado de efectividad, 5) Equipo de Protección Personal (EPP).

El uso del EPP es un recurso de última instancia, cuya adecuada protección dependerá relativamente de varios factores, tales como la disposición y voluntad de la persona para utilizarlo en forma correcta, así como el grado de energía y determinación que el empleador ponga en este esfuerzo.

La Seguridad Operacional es una decisión solitaria, puesto que el nivel de protección efectivo del EPP va a depender del uso que la persona decide hacer de este cuando nadie le está viendo, siendo entonces un resultado sujeto a una serie de pasos previos que requieren inducción, capacitación, concienciación y aplicación de disciplina progresiva y verificable por parte de la empresa.

No hay que perder de vista que el EPP es una de las obligaciones fundamentales que la Ley 618 de Higiene y Seguridad de Trabajo señala tanto para el empleador —la de suministrarlos gratuitamente— y para el empleado, la de su uso imprescindible. La omisión de proveerlos y de no usarlos puede acarrear también responsabilidades, sanciones y medidas coercitivas para ambas partes.

Tradicionalmente se piensa que la responsabilidad de la empresa termina con proveer los EPP para la tarea y nada más. Es preciso primero que todo, buscar información sobre aquellos EPP específicos para el nivel de riesgo de la tarea, pero, sobre todo, conocer las certificaciones y estándares internacionales que les son requeridos para no cometer errores de adquisición que pueden pagarse muy caros.

Hay que exigir las certificaciones específicas de calidad que deben cumplir; desde las norteamericanas —reputadas como las más estrictas ANSI, ASTM, NIOHS, OSHA, entre otras-, hasta el resto de las normas homologadas, sean estas canadienses, europeas, y hasta las latinoamericanas; específicamente las COVENIN venezolanas y las NTC colombianas.

Hoy día existen EPP cuyos estándares de calidad son muy cuestionables, desde cascos de seguridad con protección irrisoria, hasta otros equipos *copycat*, que solamente disfrazan relucientemente su baja calidad y grave ausencia de protección efectiva.

Hay que conocer de antemano el EPP que se va a adquirir, siendo necesario hacer una búsqueda de las normas y certificaciones internacionales que le son correlativas y exigirlas al proveedor local o internacional.

Durante un reciente taller de capacitación con una empresa cliente que realiza exitosamente trabajos con riesgos especiales —

altura y eléctricos— se enfatizó, entre numerosos tópicos, la necesidad de capacitar adecuadamente en el uso y mantenimiento de EPP y adoptar como regla cardinal el efectuar inspecciones detalladas a estos, para verificar su condición y habilitación para brindar protección, así como la adopción de prácticas internacionales establecidas para su adecuado mantenimiento, uso correcto y condiciones para reemplazo.

77. Nueva Ley de Tránsito colombiana: una comparación útil

Solamente para efectos de ilustración sobre lo que otros países están realizando para frenar a las personas intoxicadas y potencialmente homicidas del volante, se presenta esta referencia sobre la nueva ley de tránsito colombiana.

Pienso que es útil tomar líneas para una futura reingeniería de la ley de tránsito en nuestro país, Ley No. 431. Se entiende y se tiene por sabido que modificar la conducta de las personas al volante es una tarea titánica que no se logra solamente con multas, sino con educación temprana, formación, prevención, recursos y auto concientización, no obstante, las conductas también se moldean de una forma muy notoria cuando hay una consecuencia negativa para quien infringe la ley. Este es el espíritu de este artículo, tomar en cuenta lo que es una ley verdaderamente seria y no un engendro parchado al estilo Frankenstein que es lo que las reformas a la ley 431 pretenden hacer.

En Nicaragua vivimos en un *"acercadeísmo"* permanente, somos profesionales de ese oficio, el cual consiste en parlotear sin pausa acerca de los problemas, pero sin formular soluciones efectivas o viables, o bien, carecer totalmente de compromiso en corregirlos.

Mientras aquí se debate tímidamente modificaciones tibias y acolchadas a una Ley de Tránsito estructuralmente ineficaz, endulzando y suavizando las medidas coercitivas necesarias para detener una epidemia de tragedias sin fin como son las muertes en las vías, en otros países se elaboran esquemas serios de solución, de acuerdo con la verdadera dimensión del problema, entre otras disposiciones educativas, formativas y de cambio cultural.

La nueva ley de tránsito colombiana, recientemente puesta en vigencia, refleja verdaderamente un planteamiento decidido y referencial, un ejemplo de cómo las sociedades abiertas deben regular verdaderas epidemias que ponen en peligro la integridad física de sus mismos miembros, en este caso, la conducción bajo efectos de sustancias tales como el alcohol y otras drogas.

A continuación, los "combos" a que se hace acreedora la persona encontrada positiva en las pruebas:

- Grado cero (entre 20 mg y 39 mg de etanol). Primera vez: suspensión de la licencia por un año, multa de USD884, más 20 horas de trabajo social; vehículo inmovilizado.
- Grado uno (entre 40 mg y 99 mg de etanol). Primera vez: suspensión de la licencia por 3 años, multa de USD1,821, más 30 horas de trabajo social; vehículo inmovilizado 3 días hábiles.
- Grado dos (entre 100 mg y 149 mg de etanol). Primera vez: suspensión de la licencia por 5 años, 40 horas de trabajo social, multa de USD3,641; inmovilización por 6 días hábiles.
- Grado 3 (150 mg de etanol en la sangre o más). Primera vez: suspensión de la licencia por 10 años, 50 horas de trabajo social, multa de USD7,333; inmovilización por 10 días hábiles.

Es importante mencionar que estas son las sanciones que aplican para los "debutantes" o infractores de primera vez -sin considerar que existen penas más drásticas para los reincidentes-, las que pueden rondar hasta los 25 años de suspensión de licencia, o su cancelación definitiva.

Uno de los puntos preexistentes a apreciar de la ley referida es que las multas están referenciadas a salarios mínimos y no a sumas fijas, evitando hacer una viciosa reforma periódica a la ley para que las infracciones se adecuen y compensen la pérdida del poder de compra de la moneda.

Como balance de la primera semana de implementación de la normativa, el índice de infracciones por conducir bajo la influencia de sustancias se redujo en un 80%, lo cual señala un grado de efectividad sin precedentes, tanto para los conductores de automotores como para los motociclistas. Un hito histórico ha sido que para esta Nochebuena se registraron 0 muertes por percances viales en las que el alcohol u otras sustancias fueran factores causales o contribuyentes.

Otra de las innovaciones de la ley —entre muchas otras— es la responsabilidad compartida para aquellas empresas que tengan en su plantilla conductores con infracciones que no hayan pagado aún dichas multas, incurriendo ahora también en multas la empresa contratante.

La ley contempla también sanciones duplicadas para aquellos conductores de transporte colectivo, ya que el hecho de ser responsable de la integridad de múltiples personas, lógicamente, hace que infringir las normas sea doblemente punible, en comparación con conductores individuales.

La ley establece también que la autoridad de tránsito enviará mensualmente la estadística de los conductores de transporte colectivo con infracciones a las empresas de transporte, las cuales deberán aplicar mecanismos remediales obligatorios para choferes riesgosos.

Se adicionan severas multas para aquellos conductores —si acaso cabe el término— de vehículos de tracción animal, los que actúan privilegiadamente en Nicaragua como si las regulaciones de tránsito fueran de aplicación nula para ellos, por la conocida "cultura del pobrecito".

Es necesario darse cuenta de que muchas de las cosas que hacemos para disminuir la accidentalidad en nuestro país son planteamientos "de juguete", dignos de estudio sociológico por su inefectividad manifiesta. Seamos serios, por favor.

78. Código de Ética Para Conductores Profesionales

Artículo que describe una de las mejores prácticas que realizan las empresas de clase mundial con flotas de transporte livianas o pesadas, que es el desarrollo de un Código de Ética que rige las actuaciones esperadas del personal conductor. Es necesario un sistema de seguimiento para garantizar que los comportamientos promovidos en este código sean recompensados -no monetariamente- y aquellas desviaciones, investigadas y sancionadas, si es que se llega a determinar una conducta inapropiada o maliciosa.

Con frecuencia las empresas con flotas de transporte -sea pesado o liviano-, se encuentran cotidianamente con situaciones en las cuales su personal conductor debe realizar en solitario comportamientos críticos para prevenir percances de tránsito. El problema es que, en ausencia de una estructura adecuada para medir estas conductas, todo esfuerzo preventivo queda apenas en expectativas o con un pensamiento excesivamente optimista.

El punto fundamental es que se debe desarrollar todo un andamiaje de documentación, verificación y medición de resultados, y no pensar ingenuamente en que las instructivas van a cumplirse como por arte de magia.

Uno de los recursos más poderosos es el desarrollo de un Código de Ética para el conductor profesional. Este conjunto de expectativas y de guías de acción debe ser formulado, o bien, "adoptado y adaptado" por cada organización y verificar su cumplimiento periódicamente. La experiencia de las empresas de clase mundial en la implantación y cumplimiento de este código, en su gran mayoría, ha resultado ser muy positiva.

Cada conductor profesional que sea contratado debe recibir este Código de Ética, estudiarlo, firmarlo y comprometerse con su cumplimiento; y ser sujeto luego a una evaluación de su comprensión y consecuencias, sirviendo de referencia permanente en su actuación como conductor profesional.

En un período de un año calendario se debe revisar el cumplimiento del Código, solicitando la firma de todos los conductores activos, con el fin de renovar el compromiso en su observancia y debida aplicación. Cabe señalar que las violaciones a este Código deben tener infracciones específicas y de cumplimiento ineludible, obviamente, bajo un debido proceso de determinación.

Algunas de las expectativas de cumplimiento podrían ser:

- Conduzco para proteger a los demás conductores y peatones en la vía como a mí mismo.
- Me preocupo por tener una apariencia limpia y profesional.
- Brindo un mantenimiento adecuado a mi vehículo y lo opero siempre de una manera profesional.
- Cumplo con todas las reglas de seguridad, regulaciones de tránsito y leyes vigentes.
- Trato en forma cortés y respetuosa al personal de almacén (embarque y desembarque), independientemente de la situación.
- Soy cortés con todos los otros conductores.

- Soy un buen ejemplo para aquellos conductores menos experimentados.

- Manejo de forma profesional en el tráfico y me mantengo bajo autocontrol ante cualquier condición de conflicto.

- Practico el manejo defensivo evitando conducir a alta velocidad, manteniendo una distancia de seguridad con los otros vehículos, sin manejar agresivamente o con conducta temeraria.

- Hago lo mejor posible para entregar a tiempo y en condiciones óptimas la carga o pasajeros asignados.

Lejos de parecer un enfoque ingenuo, la práctica de establecer este Código de Ética tiene la función de un eventual "ángel de la guarda", o de la voz de la conciencia disponible en todo momento, que en ausencia de una tercera persona que pueda indicarle al conductor cómo debe proceder en situaciones específicas, entonces, el conocimiento adquirido y las expectativas a las cuales ha firmado como compromiso, aumentarán la probabilidad de una conducta segura.

26-diciembre-2013 / La Prensa

79. Manejo Defensivo: livianos y pesados

Artículo que cubre los peligros de asumir que las capacitaciones de Manejo Defensivo de vehículos livianos son aplicables a transporte pesado. Además, lo erróneo de utilizar improvisadores y empíricos para esta tarea, los cuales abundan en Nicaragua.

Existe una peligrosa confusión entre las capacitaciones de Manejo Defensivo que se brindan en forma aventurada, cuando se trata del conocimiento técnico diferenciado que debe haber entre estos dos tipos de vehículos.

Conducir un vehículo pesado —de dieciocho ruedas— tiene diferencias fundamentales, empezando por el hecho que las velocidades señalizadas en las carreteras corresponden a las aplicables a los vehículos de cuatro ruedas –vehículos livianos-, y en condiciones climáticas ideales, por lo que se debe tener sumo cuidado en no confundir a los conductores de vehículos pesados, con la simpleza que estas velocidades posteadas son aplicables a todo automotor. Error fatal.

En un vehículo pesado, usted tiene que considerar dinámica, aceleración y fuerza inercial, entre otras fuerzas, por lo que debe tener precaución extra. Si usted va en una ruta en la que la velocidad máxima indicada es de 60 kilómetros por hora, esta es la que corresponde para un vehículo de pasajeros; el conductor profesional de camión pesado deberá reducir la velocidad en por lo menos un 30 por ciento, hasta alcanzar entonces unos 42 kilómetros por hora, que servirán como margen de maniobra ante las fuerzas físicas que inciden en el vehículo pesado. A mayor largo del vehículo pesado, menor la sensación de movimiento y velocidad, por lo que se tiene que verificar el velocímetro antes de entrar en curvas, rampas o caminos inclinados.

El uso del freno no es lo mismo en un vehículo pesado que en un vehículo de pasajeros, ya que con la carga que arrastra el camión, esta actúa como un impulsador que al tocar los frenos en forma indebida, se provoque un "efecto tijera" o "efecto navaja", en el cual la carga —por diferencia de pesos y energía cinética— empuje fácilmente al cabezal -que es mucho más liviano-, provocando una volcadura con una segura fatalidad, pérdida de carga y equipo.

El profesional de vehículos pesados debe tener extremo cuidado en las carreteras estrechas, que tengan ausencia de peraltes, o que estos sean inadecuados, o que carezcan de hombros, ya que, si las ruedas traseras de la rastra se salen de la cinta asfáltica, esto provocará el mismo efecto de volcamiento en forma invariable, ya que el peso de la carga puede superar hasta en 6-7 veces el del camión.

Hacer paradas a los lados de la carretera puede ser extremo peligroso, debido a que muchas veces el terreno se encuentra flojo a causa de humedad, provocando que las llantas de afuera se hundan, con la consabida volcadura, o técnicamente, un *rollover*.

El tiempo de seguimiento en segundos es también muy diferente en los vehículos pesados. Si se aplica la distancia en segundos que tradicionalmente se recomienda para automóviles, con certeza que eventualmente se provocará una colisión, ya que se debe considerar el peso, maniobrabilidad, efecto retardo del motor, modelo de camión, centro de gravedad de la carga, largo total del equipo, entre otros factores cruciales para el vehículo pesado; por tanto, la distancia de seguimiento en segundos tendrá que ser mayor que la que se debe conservar en un vehículo liviano.

La próxima vez que vaya a encargar a cualquiera su capacitación de Manejo Defensivo de su flota pesada, tenga cuidado, ya que si, consciente o inconscientemente, se asumen como válidos para los vehículos pesados los conceptos aplicables para vehículos livianos, podría estarle brindando a su personal los precursores de una tragedia.

18-diciembre-2013 | La Prensa

80. ¡Es culpa de la persona de Seguridad!

Uno de los factores más perniciosos que existen dentro de la administración de la Seguridad Operacional (SO es la personificación equivocada de este puesto. Cuando la empresa delega la responsabilidad por la (SO) en una persona visible, si no se hace correctamente, puede haber consecuencias peligrosas.

En no pocos casos —cuando no se hace una determinación correcta de las funciones y responsabilidades de esta posición, además de su adecuada comunicación a todo el personal—, la actuación de ella está condenada irremisiblemente al fracaso.

Frecuentemente las organizaciones crean un puesto de SO que supuestamente es la persona encargada de administrar todo lo relacionado con este proceso, como si fuese una labor que descansara sobre los hombros de un solo individuo.

Esta medida es no más que un paliativo, una píldora para el dolor de cabeza, cuando los orígenes de los problemas de una mala administración de la SO tienen mucha más profundidad que el simple nombramiento de un "encargado".

Esta posición es a veces percibida y tomada como un verdadero chivo expiatorio, un culpable necesario para situaciones cuya corrección está en un nivel muy superior de pensamiento y de diseño organizacional; es por eso que no se debe confundir ni degradar esta importante función al hecho trivial de nombrar a alguien y ya está; sino estar consciente que cuyas responsabilidades no deberían ser otras que procurar integralmente, una facilitación competente de todo el proceso de identificación de riesgos y trabajar con las diferentes líneas de negocios de la organización, asesorándolas para reducir la exposición ante un percance operacional.

Es un contrasentido que a veces se hace en forma muy calculada, de convertir a este puesto en responsable de situaciones que escapan a su tramo de control, y que están íntimamente ligados a una acción de quien dirige un departamento, un proceso o una función específica dentro de la línea de negocios.

Los problemas que se causen debido a esta miopía organizacional son responsabilidad del liderazgo mayor dentro de la empresa, no de la administración inadecuada que realice una persona intitulada con una simple etiqueta de "encargado de seguridad".

Si no se logra comunicar, difundir y establecer por medio del liderazgo mayor que cada gerencia, supervisor o individuo tienen responsabilidades personales indelegables con la SO, y que estas se encuentran debidamente incorporadas en las funciones específicas del puesto -sujetas también a evaluación periódica de desempeño-, será entonces una invitación para que todo problema relacionado con accidentes de trabajo sea atribuido a un desempeño ineficiente de un supuesto encargado.

La paradoja es que mientras no existan percances graves que puedan poner en cuestionamiento esta visión distorsionada, los resultados —aunque estos sean magros— serán un triunfo de la cabeza de cada función. En caso de que sean malos o pésimos, eso sí, serán responsabilidad del encargado.

Frecuentemente esta posición se completa con alguien extraído de los niveles operativos, pensando en que solamente poner a alguien allí es solamente un requisito de ley, siendo un error grave el no darle la suficiente categoría -tanto desde el punto de vista académico, experiencia de vida, así como desarrollo y capacitación profesional en el puesto-, para que sea capaz de identificar la causalidad entre las acciones y las consecuencias, haciendo recomendaciones efectivas para la mejora continua.

29-enero-2014 / La Prensa

81. Baja *Stamina* de Seguridad

En empresas con una dedicación por la Seguridad Operacional (SO), no es raro que se atraviesen períodos de baja energía, de poco empuje, de fastidio. Estos son *períodos azules* en que el músculo de seguridad luce deprimido; es un cuadro de una enfermedad organizacional que hay que tratar de inmediato.

El problema que existe para su diagnóstico preciso es el hecho que nadie quiere anunciar o poner en evidencia dicha situación, generalmente, debido a un conformismo complaciente o temor, ante ciertos indicadores reactivos que pueden dar una falsa sensación de seguridad, pensando que todo anda bien.

Cuando se realiza una labor en forma repetitiva hasta el cansancio, hay una tendencia natural a caer en el aburrimiento, incluso ante errores por exceso de confianza mientras se realiza la tarea. Esto es un poco como ir en modo automático, en donde se pierde interés o el llamado *drive*, que es el empuje para subir de nivel, o el ímpetu con que se logran objetivos valiosos de seguridad.

Hay prescripciones muy efectivas que se pueden poner en práctica, no obstante, la decisión debe provenir desde el puesto organizacional mayor, siendo esto muy retador, porque es el equivalente de hacer una elección, de votar sobre la popularidad de la marcha de la administración de la SO dentro de la empresa.

Se debe identificar de forma clara, cuál es el nivel de involucramiento y actitudes por parte de la gerencia general, así como de las gerencias funcionales, hacia el programa de administración de la SO.

Si hay una apatía notoria, si el tema SO no está sobre la agenda ejecutiva de una forma visible, si hay solamente un "copiar y pegar" del programa del último año; con certeza que no se logrará entusiasmar o liderar a nadie, si quien debe llevar el ritmo padece de *abulia*, de inopia, de falta de compromiso; comete inconsistencias, ausencias, desinterés, entre otras conductas inconvenientes que desmoralizan al resto de la organización.

No hay cosa que cause más daño a la administración de la SO que la apatía gerencial. Aun aquellas actitudes que aparentemente pueden ser *adversariales* u opuestas para la gestión de la SO, hacen menos daño que una mentalidad de *dejar hacer, dejar pasar* de una gerencia no comprometida.

¿Qué se debería hacer entonces? Lo fundamental es realizar profesionalmente una encuesta de percepciones de seguridad, administrada íntegramente en forma externa, para identificar aquellas conductas que desde el punto de vista de liderazgo, puedan estar siendo anémicas, o bien, inexistentes, pero sobre todo, dar la oportunidad de expresarse a una audiencia que seguramente tiene la clave de la mejora —todos y cada uno de los colaboradores— para que puedan expresar sus inquietudes, preocupaciones, quejas, mitos, visiones compartidas, creencias particulares, sobre la forma en que se está administrando la SO en la organización.

No se trata de hacer concursos sosos o premiaciones triviales —que a veces producen solamente especialistas en ganarlos— sino en explorar profesionalmente todas las dimensiones organizacionales en donde el liderazgo gerencial deba hacer un replanteamiento, y de no lograrlo, al menos este tendrá la certidumbre de saber qué es lo que objetivamente se piensa de su gestión.

22-enero-2014 / La Prensa

82. Gerencia de la Reputación

En las escuelas de negocios de mayor prestigio global, esta es contemporáneamente una de las materias obligatorias para los programas corporativos. La reputación, como componente indisoluble de las empresas y de las actuaciones de su personal, tiene hoy una sensibilidad e impacto sin precedentes en la percepción de las partes interesadas y del público en general, siendo uno de los activos empresariales más valiosos, pero a la vez, el más volátil.

Próximamente a cumplirse 25 años del accidente del *Exxon Valdez*, la vinculación de ese desastre ambiental con la empresa petrolera sigue fresca e inconmovible en la percepción pública, y por más esfuerzos que se hayan efectuado en revertir ese estigma, continuará indeleblemente en el *Top of Mind* de la ciudadanía global.

Otro ejemplo actual es el desastre mediático de las empresas españolas con los opacos sobrecostos de la ampliación del Canal de Panamá, que, con certeza, serán la sepultura de la cacareada *Marca España* en Ingeniería; al igual que la ya naufragada reputación de la Corona Española por la imputación penal a una hija del monarca, y las regias escapadas de este a masacrar elefantes en Botswana, como tapadera de otoñales aventuras amorosas, todas pletóricas de regio azul.

Con las comunicaciones instantáneas en que las sociedades y grupos de interés están articulados y omnipresentes en las redes sociales, cuidar la reputación de una empresa es una de las tareas más delicadas, precisando una administración consciente y profesional, al igual que cualquier otro patrimonio determinante para la viabilidad de una empresa, puesto que este factor es cada vez más un criterio de valoración por el inversionista soberano.

El *Chief Reputation Officer*, es un puesto cada vez más común en las empresas de clase mundial.

Las preferencias de compras de los clientes, en un porcentaje cada vez creciente, están basadas en la reputación y percepción que se tenga de determinada empresa, y esto en varias dimensiones: calidad de los productoservicios, formación técnica del personal, imagen de los propietarios, percepción sobre su gestión empresarial, métodos de producción respetuosos con el ambiente, Seguridad Operacional, ética amplia en sus actuaciones, transparencia; y, mucho más determinante, las conductas personalísimas de su equipo humano.

En la mente del público la percepción de una empresa no puede ser *compartimentalizada* para discernir entre actuaciones empresariales y acciones individuales de su personal de cualquier nivel.

Este tema podría ser útil desarrollarlo en algunas empresas locales, a sabiendas que vivimos en un país en que la reputación acaso sea un tema banal -y aventuro decirlo- donde ya, probablemente, la mala reputación e imagen sea más bien un activo poderoso y atractivo para algunas organizaciones y personas naturales.

Las entidades que administran seriamente este patrimonio intangible han comenzado con el diseño de Políticas y Procedimientos, comunicando formalmente los roles y responsabilidades que deben ser desempeñados por todo el personal -principalmente por sus ejecutivos-, y asegurarse que estas guías les sean refrescadas periódicamente con firma y evidencia de conocimiento, como una verificación de su ineludible observancia.

Se debe ilustrar claramente y con ejemplos cuáles son esas conductas, aceptables o no, para demarcar límites entre la exposición innecesaria de la empresa ante la natural acción individual.

Hay organizaciones que entregan al personal vestimenta con logos y marcas, ya sea como uniformes o para los llamados "viernes de moda". En algunos casos, se ha comprobado que las actuaciones personales después de horarios de trabajo podrían ser inconvenientes o abiertamente desfavorables para la imagen organizacional, por lo cual algunas compañías estiman pertinente normar su uso.

Otra de las prácticas es brindar orientación sobre los perfiles individuales en redes sociales. ¿Es acaso necesario o beneficioso vincular la identidad personal con la empresa donde uno trabaja, máxime si no hay una necesidad funcional de atención al cliente?

Eventualmente los *posts* personales pueden ser desfavorables, adversos o incompatibles con una imagen corporativa definida. *"Soy fulano de tal, analista en empresa X"*, ¿Añade esto valor a la organización? ¿Contó con la voluntad expresa de su superior?

17-enero-2014 / El Nuevo Diario

83. Capacitaciones obligatorias

La Ley 618, de Higiene y Seguridad en el Trabajo, en su Capítulo II, artículo 21, mandata en forma específica que el empleador debe conducir las capacitaciones en materia de *primeros auxilios, prevención de incendios* y *evacuación de los trabajadores*, ordenando que estas actividades sean reportadas al Ministerio del Trabajo.

Para efectos de implementación de este requerimiento obligatorio, hacemos notar que en el caso de *primeros auxilios* muchas veces ocurre que las empresas consideran apenas apropiado el tener un botiquín con aditamentos para el caso de una emergencia, siendo lo correcto que el personal en general, y quienes enfrentan situaciones en las áreas de mayor peligro, deban tener conocimiento específico de los procedimientos básicos y técnicas de *primeros auxilios*, para lo cual se deberá contar con una capacitación específica sólida por una persona certificada y con experiencia comprobada en este tema.

Una de las consideraciones más importantes deberá ser contar con un *Manual de Primeros Auxilios*, que sea una referencia específica en la empresa, ilustrando los casos más probables que puedan ocurrir, ya que todo el diseño de esta capacitación tendrá que estar basado en el diagnóstico de riesgos de la organización.

Es importante que estas capacitaciones sean periódicas, no que sean un evento perdido o cada vez que se le ocurra a una gerencia. Se debe incorporar esta formación obligatoria al menos anualmente, o bien cuando haya suficiente personal nuevo que amerite realizarlo antes de un año.

En el caso de prevención de incendios, nuestra recomendación no solamente se origina en el requerimiento básico y observancia de las *Normas Técnicas Obligatorias Nicaragüenses (NTON)* que sean aplicables, sino, en la conformación y ejercitamiento de las brigadas contra incendios, las cuales deberán recibir también una capacitación por parte de personal certificado, para que puedan ejercer las funciones establecidas en caso de un evento de fuego.

Es fundamental que se realicen prácticas o simulacros periódicos, al menos cada seis meses, sobre los procedimientos específicos de combate contra incendios, dentro de los lineamientos del plan, el cual debe contar en un documento o Manual de Referencia para los miembros de estas brigadas.

No solamente se debe conocer los procedimientos técnicos para estas situaciones, sino también realizar evaluaciones sobre la condición física de cada uno de los miembros de las brigadas, ya que esta actividad eventual requerirá buena o excelente condición física, siendo notorio el hecho que han ocurrido situaciones lamentables por tener personas fuera de condición física, exponiéndolas a veces por puro protagonismo, a un sobresfuerzo o a otras condiciones exhaustivas.

El plan de evacuación deberá ser desarrollado tomando en cuenta a todo el personal de la empresa, con una revisión técnica por peritos certificados que puedan determinar las rutas más seguras y la lógica de los procedimientos respectivos, asegurándose que cada miembro de la brigada tiene una responsabilidad coherente y que no ponga en peligro extremo a esa misma persona o a los colegas que están efectuando la respuesta ante la emergencia.

La práctica continua es el factor crítico de éxito fundamental de estos tres requerimientos.

8-enero-2014 / La Prensa

☐

84. Evaluación de resultados

Termina un año y es preciso concentrarse en hacer una evaluación crítica del ambiente de trabajo con relación a la Seguridad Operacional (SO). Es típico en algunas empresas la ocurrencia de percances operacionales por estos días, ya que existe la distracción de actividades críticas por el relajamiento colectivo.

No obstante, el ambiente, hay que hacer el ejercicio de plantearse preguntas que acaso pueden ser molestas, pero que serán muy reveladoras si se abordan con sinceridad y rigor para proponerse mejoras objetivas para el próximo año.

Las empresas típicas que se concentran en medición de resultados simples, normalmente estadísticas, deben tener mucho cuidado porque esto a veces no son más que autoengaños o "medidas mudas", ya que no dicen nada acerca del proceso a través del cual fueron producidos esos números, siendo un hecho también que esos porcentajes o ratios, carecen de valor predictivo alguno.

Las organizaciones de clase mundial no miden únicamente el número de percances operacionales, sino más bien el tipo y efectividad de las actividades que producen esos resultados.

Algunas de sus preguntas profundas son: ¿Es el sistema actual mejor que ayer? ¿Cuáles elementos del sistema están funcionando efectivamente y cuáles no? ¿Cuáles unidades o departamentos están logrando resultados y por qué? ¿Dónde se debería poner el esfuerzo el año venidero? ¿Está el personal trabajando en mejores condiciones de seguridad que hace un año? ¿Se tiene la enfermedad de la conformidad (*autocomplacencia*) o se desea plantearse nuevos retos?

Ciertas empresas tienen muy buenas estadísticas, pero fallan dramáticamente en transformarlas en información útil para la toma de decisiones. A veces, hasta tienen sistemas de gestión de información sobredimensionados, que más bien aumentan la entropía para determinar resultados básicos, debido a la sobreinformación o generación de información superficial. Hay un culto a acumular números sin ningún análisis, generar compulsivamente papel para archivar.

Entonces, consecuentemente, es difícil que el personal vea el valor de la SO en lograr resultados tangibles:

- ¿Qué análisis de costo-beneficio deben ser realizados para nuevos proyectos del programa de SO?
- ¿Qué capacidad de planteamiento de nuevos proyectos e iniciativas tienen los miembros actuales de la Comisión Mixta de Higiene y Seguridad?
- ¿Cómo se procurará la aprobación e involucramiento de la gerencia para nuevos proyectos e iniciativas de SO?
- ¿Es el nivel de capacitación actual del personal un limitante para lograr mejores resultados?
- ¿Está el personal de supervisión inspeccionando las tareas verdaderamente críticas?
- ¿Están los empleados de nuevo ingreso siendo inducidos y concientizados en Seguridad desde el primer día?
- ¿Se calculan todos los costos relacionados con los percances de trabajo?

- ¿El personal conductor recibe capacitación en Manejo Defensivo antes de siquiera tocar un vehículo de la empresa?

- ¿Las recompensas y estímulos de Seguridad sirven verdaderamente como un estímulo al personal, o ya son parte del insustancial "paquete de beneficios" para todos?

- ¿Se tienen indicadores de seguridad basados en ocurrencias de eventos (estadísticas) o en verdaderos indicadores de liderazgo (actividades lideradas por personas específicas)?

- ¿Se han calibrado las percepciones y opiniones de todo el personal —en forma anónima— sobre la forma en que está siendo administrada la SO?

☐ 2-enero-2014 / La Prensa

85. El ranking perverso

En los conclusivos para 2013 de las investigaciones de catástrofes industriales del *Chemical Safety Board* de EE. UU. existe un top ranking de las causas generadoras. A estas situaciones me resisto llamarles *"accidentes"*, ya que sus orígenes fueron absolutamente prevenibles, de haberse observado y cumplido las respectivas medidas de Seguridad Operacional (SO).

Elaboraré un poco sobre ellas para identificar si en las empresas nicaragüenses tenemos este tipo de precursores y tomar a lo inmediato acciones correctivas.

1. Cumplimiento superficial de las normativas de SO. Algunas gerencias no terminan de entender que las regulaciones establecidas en las normativas de SO son apenas requisitos mínimos, los cuales tienen que expandirse en su aplicación transversal. Ciertas organizaciones establecen apenas un cumplimiento *light*, basado mayoritariamente en señales, rotulaciones o Equipos de Protección Personal (EPP), que, aunque útiles, son simplemente elementos básicos -no suficientes-, como sí deben serlo los Procedimientos Operacionales Estándares, las inspecciones, así como las conductas que deben ser modeladas continuamente por las mismas gerencias.

Algunas medidas de SO están orientadas superficialmente solamente para evitar multas, pero no para prevenir eficazmente percances operacionales. Entonces, es fácil seguir disposiciones elementales; lo difícil es que los comportamientos seguros sean adoptados por todo el personal mediante una evangelización consciente por parte de las altas gerencias.

2. Supervisores trabajando en reportes y "*papelística*" organizacional: esta es una práctica que degrada la efectiva supervisión, cuando existe un exceso de requerimientos administrativos sin valor agregado, consumiendo tiempo valioso que podría ser mejor invertido en inspecciones, verificaciones y dirección y supervisión de trabajos de campo. Frecuentemente, la persona supervisora ignora el nivel de SO con el que se están ejecutando los trabajos en el campo, debido a que pasa sentado frente a una computadora elaborando inocuos e interminables reportes; no visita el campo, no orienta, no mide, no asegura, no modela, y, por ende, ocurren entonces las tragedias laborales.

3. Recortes a partidas presupuestarias de mantenimiento crítico: En ciertos casos existe un oprobioso trabajo de "*maquillaje*" de los estados financieros; se toman como "*ahorros*" la omisión de las partidas de mantenimiento crítico, como si tal fuesen prescindibles. Con malabares numéricos se reportan optimizaciones, sin tomar en cuenta la confiabilidad mecánica-operativa de la maquinaria y equipos, mucho menos el *Mantenimiento Predictivo* de los mismos.

4. Ausencia de capacitación de calidad: Este es otro campo en donde a veces se reportan economías ficticias —argumentaciones vaporosas— que no son más que detrimentos legítimos en el conocimiento y capacidad técnica del personal y la matriz de experiencia colectiva. Omitir las capacitaciones requeridas para el puesto —específicamente aquellas relacionadas con la Seguridad Operacional—, es jugar a una ruleta rusa, pero con dos pistolas.

5. Corta memoria organizacional: Cuando se repiten los mismos percances sin que se tomen medidas efectivas, es indicativo que existe, o poca memoria, o ausencia de voluntad de aprendizaje; el no

hacer nada —conscientemente—, es también una torpe decisión. Estas situaciones, al repetirse, conforman lógicamente un patrón predecible de resultados, con consecuencias insospechadas. Lo bueno es, como dicen, que las lágrimas son las madres de las virtudes.

86. Demencia organizacional

Ocurre frecuentemente que en algunas organizaciones se cuestiona el hecho reiterado de no lograr resultados sostenibles en Seguridad Operacional (SO). En ocasiones, estos apenas llegan a mediocres o definitivamente malos.

La gerencia inquiere frecuentemente el hecho, pensando que está frente a un grupo de incapaces o de personas totalmente desinteresadas, o con tendencia a accidentarse por falta de juicio o sentido común.

Lamentablemente, estas tendencias revelan situaciones organizacionales mucho más profundas que pueden ser indicativas de una necesidad mayor de involucramiento por parte de la gerencia de los temas de SO, no desde la cómoda superficialidad o delegación, sino en determinar profundamente las percepciones del personal ante determinadas acciones gerenciales.

Desafortunadamente, el diagnóstico de los valores organizacionales percibidos por los empleados no puede ser realizado apropiadamente por los mismos que dirigen la empresa; las experiencias exitosas surgen cuando esta actividad es conducida por un tercero independiente, ya que puede haber otros factores que impiden vislumbrar las percepciones claras que pudiera tener el personal.

Algunas preguntas para la reflexión:

- ¿Puede el personal definir sin temor cuáles son los valores organizacionales de la empresa?

- ¿Cuál es la percepción del personal sobre el orden de prioridad de los valores organizacionales? ¿Cuál posición ocupa —verdaderamente— la SO?

- ¿Existe un sistema de captura de recomendaciones de SO que esté siendo administrado efectivamente?

- ¿Se brinda respuesta pronta y efectiva ante las recomendaciones / sugerencias efectuadas por el personal ante situaciones de peligro?

- ¿Se proveen fondos suficientes para determinar las mejoras en equipos y procesos, o la consecución de estos reprograma continuamente?

- ¿Hay suficiente confianza del personal en que las mejoras propuestas van a ser solucionadas por la administración?

- ¿Existen metas específicas y medibles de SO en un período de tiempo o solamente se recurre siempre a la vaga aspiración de *"Nuestra Meta es Cero Accidentes"*?

- ¿Es cierto y existen precedentes que cualquier empleado-a puede detener un trabajo si está en riesgo inminente de ocurrir un accidente, o bien, si hay condiciones inseguras notorias?

- ¿Se hacen pausas o reflexiones de Seguridad después de algún accidente o casi-accidente significativo?

- ¿Se conducen charlas de seguridad por los propios empleados?

- ¿Existe una evaluación anual de desempeño para el personal, y si es así, se incluye una sección para verificar méritos específicos de Seguridad?

- ¿Se han desarrollado e implementado Reglas Cardinales de Seguridad? ¿Qué sistema de consecuencias traen aparejadas?

- ¿Existe una inducción previa del personal contratado como un bautizo cultural en al tema de Seguridad?

- ¿En el análisis de riesgos operacionales se consideran también los comportamientos permisivos de ejecutivos y supervisores?

- ¿Las normas, reglamentos y procedimientos existen en el papel, pero muy poco se cumplen en forma efectiva?

- ¿La mayoría de las respuestas de la organización frente a las condiciones peligrosas son tardías e inefectivas?

- ¿Se tiende a burocratizar la gestión de SO más que a participar en ella?

- ¿Los ejecutivos no participan o se excusan de las capacitaciones de Seguridad?

- ¿Se realizan reconocimientos ante el logro de metas específicas de Seguridad?

- ¿Se estimula la participación del personal para proponer iniciativas de mejoras operacionales?

26-febrero-2014 | La Prensa

87. El policía de Seguridad

Uno de los indicadores de un ambiente de seguridad enfermo es cuando existe un policía de Seguridad. Esto es cuando existe temor en las personas por cierto tipo de represión –amonestación, sanciones, memorandos-, de quienes están al cargo de la supervisión de Seguridad Operacional (SO) dentro de la empresa.

Se llamaba Augusto. Un día que él pasaba por una de las rutas de tránsito hacia la planta, cuando vio que en una de las oficinas administrativas se encontraban dos operarios realizando tareas de pintura en las paredes exteriores de estas. Aunque los operarios estaban en la zona de acceso del personal, en donde la puerta de entrada se abría y cerraba en forma casi continua, Augusto se puso a pegar gritos y a amonestar a los pintores, preguntando en dónde estaba el *Permiso de Trabajo para Espacios Confinados*, puesto que los vapores de la pintura eran tóxicos y que no era posible que estuvieran laborando de esa manera.

Ejerciendo una de las potestades más significativas de la organización, con la cual —cualquier persona puede detener un trabajo si está siendo realizado sin seguridad—, con gritos y aspavientos procedió a detener dicha actividad, conminando a los contratistas que lo siguieran hacia dentro de la planta.

Apenas aconteció esta última situación para que el propio empresario contratista declinara seguir trabajando dentro de la planta, argumentando él que allí todo era muy difícil de cumplir -todo era un pecado, todo era complejo, todo era prohibido-, y que, por más esfuerzos, nunca se podía cumplir correctamente con la SO, recibiendo amonestaciones y malas razones.

El contratista no dejaba de tener razón. Los operarios expulsados andaban su Equipo de Protección Personal (EPP) completo, la pintura que utilizaban era de agua, tenían ventilación permanente, por lo que técnicamente era una sandez solicitar un *Permiso de Trabajo de Espacios Confinados* para una actividad en interiores.

Los Permisos de Trabajo se aplicaban a tareas de mediano y alto riesgo, no para una actividad que no entrañaba ningún tipo de situación eventual, máxime que los operarios habían recibido capacitación adecuada y tenían suficiente experiencia en esos trabajos.

La actuación de energúmeno de Augusto, como un gorila o policía de Seguridad, es la viva expresión de un enfoque fallido de gestión operacional que solamente desacredita a este valor corporativo.

La ignorancia y falta de conocimiento —que son dos cosas muy diferentes en la administración de Seguridad—, no permitían que las personas entendieran los requerimientos, sino que todo lo que tenía que ver con su actuación a la hora de realizar un trabajo, causaba tensión y frustración, porque de alguna manera, se argumentaba perennemente —como una intencionalidad malévola- que los contratistas no cumplían los requerimientos establecidos.

Hay extremos mucho más complejos de este síndrome, sobre todo, cuando existe un celo profesional que lo que busca es desacreditar a otros por su supuesta falta de conocimiento de Seguridad Operacional, y por otro lado, buscar destacarse como promotores de un valor corporativo -que en la creencia ingenua de promoverlo, más bien lo satanizan-, significando con esto que a la gente se le hacía odioso su monitoreo y cumplimiento, generando anticuerpos, resistencia y rechazo para quienes aseguraban estar encargados de su salvaguarda.

20-febrero-2014   / La Prensa

88. Apuntes para otra futura reforma a la Ley 431

A diferencia de otras voces que se manifiestan en contra del incremento del 60% en las multas, yo estoy decididamente a favor, y más bien, pienso que se han quedado muy bajas; y, en cuanto a lo que pueda argumentarse en términos de la debida proporcionalidad al ingreso promedio del país, ese planteamiento es ilógico, puesto que no se trata de algo que deba ser cómodo, sino punitivo, por lo cual no es lógico que la sanción sea ajustada a su gusto, sino que sea un disuasivo poderoso ante alguien que sabe perfectamente que sus actos al volante pueden llevar a la muerte de otra persona.

Ahora bien, al parecer, quienes han estado encargados de reformar la regulación no han estudiado casos actuales sobre otros países que han tomado medidas más creativas para revertir esta carnicería, la primera causa de muerte violenta en Nicaragua.

Señores diputados: se debe usar el internet para algo de mayor utilidad que *Facebook*.

De lo que la reforma a la ley sí carece, es de integralidad, pero abunda en simpleza, pensamiento lineal y facilista, por lo cual, no pienso que valga la pena hacer comentarios sobre su futura efectividad, puesto que la veo desesperanzadora; ya verá usted cómo los titulares de los periódicos se vuelven *clichés* sobre el aumento de los accidentes, y otra vez la Policía saldrá haciendo malabares al comentar, ridículamente, estadísticas burdas y afirmar vaporosamente que creció el número de accidentes, pero que bajó el de las víctimas;

274

que el índice no fue más alto, sino menos frecuente, entre otros audaces forzamientos de la lógica a los que ya nos tienen tan acostumbrados pero más aburridos.

Las causas de los accidentes -en oposición lógica a lo que manifestaba un comisionado-, no son esas acciones físicas como malas maniobras, adelantamiento en falso, invasión de carril; no, jamás, esos son apenas hechos sintomáticos de un problema de una profundidad y dimensión mucho mayor.

El punto fundamental es que en Nicaragua hay una anarquía generalizada y un fomento nacional de irrespeto a las leyes, así como la percepción de la más absoluta impunidad.

En experiencias exitosas de cambios de comportamiento en otras regiones, las infracciones de más alta peligrosidad llevan aparejadas horas inconmutables de servicio social, que, glamur aparte, significan actividades desde corte de maleza en las carreteras —mano de obra para el FOMAV—, hasta el manejo y disposición de desechos municipales. Otras sanciones implican testimoniales y charlas programadas en las escuelas para elevar la conciencia y educación vial, específicamente, sobre la peligrosidad de conducir bajo la influencia de drogas u otras sustancias, o bien, con actitudes irresponsables y temerarias.

Es importante que se sepa que el monto de las multas nunca va a ser un disuasivo efectivo para eliminar las conductas de manejo imprudente, porque en la modificación efectiva del comportamiento, este elemento es apenas uno de muchos que requieren articularse para promover un verdadero cambio cultural.

En este momento el verdadero castigo para alguien que recibe una infracción es el tiempo productivo que tiene que dedicar a recuperar sus documentos, por la milimétrica burocracia existente para lograrlo; consecuentemente, si el tiempo laboral es el factor más valorado por un conductor promedio, entonces es allí donde debe aplicarse el mayor rigor de la sanción.

¿Cómo justificaría un conductor ausentarse del trabajo para atender el servicio social a causa de una sanción que tenga que ejecutarse? Esto sí sería un disuasivo efectivo, porque sabe que puede estar jugando con su empleo.

En el caso de los jóvenes que conducen en estado de ebriedad, ¿se involucró a los padres en el esquema sancionatorio? Entonces, ¿qué cambio de conducta va a darse si la reforma misma contiene el germen de su propio incumplimiento?

La deficiente infraestructura vial, la forzada exposición de los ciudadanos al peligro al cruzar las peligrosas autopistas sin puentes peatonales, la percepción de favoritismo de ciertos gremios ante las autoridades, las incongruencias de la ley penal, la opacidad de ciertas prácticas policiales, son otros temas que dejo para otra futura reforma de la ley.

14-feb-2014 / El Nuevo Diario

89. Prevención de la criminalidad ¿tiene usted un plan?

¿Podría usted creer que los incidentes más significativos de una institución de servicios financieros hayan sido graves lesiones invalidantes, como la pérdida de miembros superiores? ¿Qué clase de trabajo realizan allí? - dirá usted con toda razón.

El problema es que la criminalidad está subiendo a tal nivel que usted no solamente tiene que pensar en no lesionarse en el puesto, sino también, en prevenir situaciones en ocasión del trabajo.

Estos casos han sido reportados debido a que un número cada vez mayor de colaboradores de empresas está experimentando asaltos, robos con fuerza, lesiones, mutilaciones, en una forma tan alarmante y con resultados de daños permanentes que producen discapacidad parcial o total, incluyendo en no pocos casos, la muerte.

Un propietario de una reconocida empresa de transporte pesado me decía: "Me interesa la prevención de accidentes de tránsito en mi flota, pero mi mayor desvelo son los asaltos y los robos armados al personal" -y con justa razón-, porque en estos casos, a pesar de una capacitación fuerte en prevención de percances viales, es absolutamente necesario también que pueda dársele al personal formación efectiva para evitar ser un blanco fácil de la delincuencia.

Es fundamental que el personal sea capaz de desarrollar conductas preventivas bajo prácticas operacionales conscientes, no improvisadas, reduciendo así el riesgo de una fatalidad al asumir equivocadamente posturas contraproducentes o torpemente "heroicas", que lo único que hacen es provocar lesiones y muertes innecesarias al lidiar con los delincuentes.

Todo esto tiene que empezar, como todo lo importante, desde la cabeza de la organización. Se debería, primero que todo, establecer prácticas administrativas que reduzcan la exposición innecesaria. Algunos gerentes saben perfectamente que, en los turnos nocturnos, o bien en el ingreso a horas tempranas a la empresa, hay mucha más probabilidad de un asalto. Es conveniente que de alguna manera pueda controlarse el tiempo de salida y establecer prácticas colectivas de protección. Otra forma puede ser proveer transporte contratado para el personal hasta los puntos menos peligrosos.

Las reuniones fuera de horario normal, de amplia predilección para algunos ejecutivos *"ultraocupados"*, exponen innecesariamente al personal que carece de medios de transporte seguros, provocando que el vector de peligrosidad para ellos se eleve de forma innecesaria.

Es lógico que algunas de estas situaciones pueden solucionarse con una mejor organización del tiempo gerencial, efectuando una verdadera priorización de actividades, pero, sobre todo, con una planificación consciente. La persona con un vehículo propio subestima las vicisitudes que afrontan aquellas que no lo tienen y que sufren a diario la odisea del transporte público con todos sus riesgos, no solamente de seguridad física, sino también del manejo irresponsable de ciertos conductores de transporte público, los cuales siguen siendo un *"gremio Bond"*, es decir, *con licencia para matar.*

Quienes ahora celebran pomposamente la *Responsabilidad Social Empresarial (RSE)*, tan manicurada y primorosamente empacada, deberían plantearse primero el nivel de exposición a la delincuencia que tiene su propio personal; puesto que sería un mejor homenaje para la verdadera *RSE* hacer algo por aquellos cuyas desventuras diarias son invisibilizadas, como parte del costo de vivir en este alucinante país.

12-febrero-2014 / La Prensa

90. Incentivos basados en lesiones

Recuerdo recién entrado en la petrolera donde trabajé tantos años, la primera vez que asistí a una premiación de una meta de Seguridad. No tenía ni la más mínima idea del porqué del premio, pero la verdad es que me regalaron un microondas. No pregunté, no dije nada, solamente lo recibí y me fui. Era el ambiente una enorme algarabía, idéntica a una verdadera navidad anticipada.

A medida que el tiempo transcurría me di cuenta de lo complejo de esa práctica, de lo que era el verdadero significado de "no tener accidentes" y las enrevesadas reglas del juego no escritas que traía aparejadas.

Se trataba de mantener a toda costa un supuesto desempeño de *cero accidentes*, en el que nadie resultara lesionado y que no se llegara a perder un solo día de trabajo, ya que eso daría pie automáticamente a que se malograra la meta de los supuestos miles de días sin una lesión con pérdida de tiempo.

La primera contradicción dolorosa la noté cuando una persona lesionada a quien le había caído una pieza metálica en la cabeza, y aunque portaba casco de seguridad, el impacto fue tal que le dejó notoriamente inflamada una buena parte de ella. El percance, fue clasificado eufemísticamente como "trabajo restringido", era todo un contrasentido; él —surrealistamente- podía seguir asistiendo a laborar a la empresa, pero solamente en "trabajos ligeros". Con este artilugio, no se perdía la meta de seguridad, aunque la persona lesionada nunca haya tenido nada que ver con un trabajo de oficina.

Al ingresar a la planta, noté que el lesionado tenía una cara de angustia. Yo, como un novel encargado de seguridad, pensé que esto era lo lógico después de un suceso que le hubiera podido costar la vida, pero advertí que él no me apartaba la desconsolada mirada; hasta que, al fin, me llamó con un leve movimiento de su mano, muy disimuladamente, diciéndome: "Ayúdeme por favor que me estoy muriendo del dolor; necesito irme a mi casa, ya no puedo más".

Hablé entonces con el gerente de Seguridad, un individuo que era toda una leyenda —me daría cuenta después—, de los actos dignos de un *Mandrake el mago*, en reportar creativamente los accidentes –disminuyéndolos a su mínima expresión-, para evitar perder las consabidas metas de seguridad, y al yo plantearle la desesperada situación y estando el lesionado bajo su supervisión, él me contestó sonriente: "Ni pensarlo. No ves que si eso ocurre perdemos la meta de Seguridad; ya se le va a pasar con las aspirinas. Además, únicamente está arreglando las hojas ya impresas para su reciclaje e impresión al otro lado; así que no puede haber un trabajo más suave. Él no es más que un marica llorón", finalizó.

Aubrey Daniels, destacado experto en seguridad, señala que "las recompensas e incentivos aumentan los comportamientos, pero tal vez no los que usted desea", cae como anillo al dedo en esta situación, en la cual el surrealismo en esa planta era la norma común cuando se trataba de proteger la meta de seguridad, desarrollando entonces conductas contraproducentes, que sin ninguna efectividad y artificialmente, creaban la ilusión de conservar una meta que lo que promovía era sub-reportar, negar u ocultar situaciones que requerían imperativamente, un verdadero involucramiento gerencial.

5-febrero-2014 / La Prensa

91. Accidentes eléctricos y su prevención

Este tipo de percance tiene una de las tasas más altas de fatalidad entre la fuerza laboral, principalmente entre el personal contratista, entre quienes existe la tendencia de no realizar los análisis de riesgos con el mismo rigor que el personal de la empresa contratante.

Frecuentemente existe también un relajamiento por parte de la contratante en no asegurarse que las prácticas operacionales de la contratista sigan enérgicamente los mismos protocolos de seguridad.

No es inusual que la mayoría de los contratos que se realizan entre la contratante y la contratista sean meramente administrativos, protocolarios y *machoteros*, que no contemplan ningún tipo de mecanismo específico de verificación y cumplimiento, las cuales, en otras latitudes, incluyen sanciones y hasta cláusulas de rescisión de contrato en caso de violaciones a la Seguridad Operacional (SO).

En los contratos se incluye vagamente como si fuera una fórmula mágica, la cajonera cláusula *"el contratista será responsable de cualquier accidente que le ocurra a su personal"*, siendo esta más bien una postura de un iletrado o de un desconocedor de nuestra Ley 618 de Higiene y Seguridad, ya que en el Arto. 18 numeral 9 y en el Arto 35, la contratante debe exigir -no como un simple requerimiento sino bajo mecanismos explícitos de verificación técnica-, que los contratistas y subcontratistas cumplan con los requerimientos de SO, bajo la eventualidad de que, en caso contrario, la contratante será responsable solidaria -incluyendo personas específicas con eventual imputación penal-, por los perjuicios y daños ocasionados a los trabajadores.

¿Cómo se llega entonces a estas fatalidades eléctricas? Generalmente, este tipo de actividades, denominadas *Trabajos con Riesgos Especiales*, llevan aparejadas herramientas de identificación y control de peligros tales como el conocido *Permiso de Trabajo*, que es por definición un verdadero *análisis de riesgo* de la labor a realizar. Este debe ser desarrollado en el campo, entre la persona que instruye el trabajo y quienes lo ejecutarán; haciendo un recorrido de todos los aspectos de riesgo y verificando que, para cada uno, se encuentra en práctica o medida preventiva o mitigante para evitar un accidente, siendo su origen un documento pre legal que contiene una declaración de Alcance, conocimiento y responsabilidad de los riesgos laborales entre las partes.

Otra poderosa herramienta es el *Análisis de Trabajo Seguro (ATS)*, el cual desglosa en tres columnas los pasos de riesgo de cada tarea a realizar, identificando debidamente los peligros presentes y necesariamente, ejecutando la medida específica que evita el accidente.

Con frecuencia las empresas contratantes no transmiten, no verifican y no imponen agresivamente a los contratistas estos protocolos de actuación, pensando de buena fe -o acaso ingenuamente- que cada uno velará por lo suyo, siendo esta una omisión crasa de la necesidad de seguimiento y administración de los trabajos realizados por terceros a cuenta de la empresa principal.

No es extraño que ciertos niveles gerenciales vean de soslayo o con desprecio las capacitaciones sobre las normativas vigentes y las herramientas que previenen estas tragedias, pensando que es un tema demasiado operativo, pero, al fin y al cabo, la dura realidad se encarga siempre de imponer su versión final.

92. *El Síndrome del Bombero*

Acontece con frecuencia en ciertas empresas que todas las actividades son *"para ayer"*; todo es súper-urgente, el tiempo no alcanza para tantas tareas que se empujan unas contra otras.

El problema es que también de esa forma las tareas no se programan adecuadamente, sino que se insertan, se cuelan, se traslapan, desatando el caótico *corre-corre* sin fin. Se vive de fuego en fuego, apagando incendios como el bombero. Esta es una legítima enfermedad organizacional.

Algunos lo llaman *"trabajo bajo presión"* y a veces hasta se enorgullecen de afirmarlo, cuando lo que se está dejando en claro es que quienes dirigen las actividades lo hacen irresponsablemente, sin reparar o tener en cuenta el absolutamente insustituible valor de la Planificación.

¿Cuáles son sus efectos perversos?

Primero, que la organización entrará en un rito peligroso de que, si un trabajo no es urgente, entonces tampoco será importante, lo cual es una grave falacia.

Segundo, dejar de lado el valor Planificación como un supuesto lujo o como algo que no es monitoreado todas las veces por los niveles superiores, lo que provoca se abran las puertas a un percance o situación con graves consecuencias.

Tercero, la forma en que se gestionan las actividades *"normaliza el error"*, lo cual es frecuentemente considerado como otro costo ordinario de las actividades.

Cuando se analizan los mal llamados *accidentes de trabajo*, uno de los factores principales que surge como causa recurrente es este síndrome, con su correspondiente denominación técnica, por ejemplo, excesiva prisa operacional, desmedido sentido de urgencia, presión que afecta la programación de otras tareas, entre otras perturbaciones en varias áreas de la empresa.

Por otro lado, es obvio también que para la mayoría de las empresas el sentido de urgencia es un imperativo de negocios. Lo equivocado es creer que a costa de esa exigencia se deje de manejar adecuadamente los detalles claves; entonces, tarde o temprano se enfrentarán situaciones lamentables, no solamente con pérdidas operacionales o de activos valiosos de la empresa, sino también bajo la figura de lesiones y otras situaciones potencialmente fatales.

Nuestra Ley 618 de Higiene y Seguridad del Trabajo, mandata que los accidentes laborales tienen que ser investigados determinando sus causas humanas, técnicas y administrativas, para lo cual una interpretación errónea típica es pensar que los actos inseguros solamente ocurren en el nivel de un operario, al cual muchas veces se le achacan las causas físicas de la ocurrencia de un percance con los trillados: *"se distrajo"*, *"no tenía ojos en la tarea"*, *"no puso atención"*, los cuales son evidencia contundente de que la investigación no ha sido suficientemente profunda para determinar sus causas raíces verdaderas. La organización del trabajo en forma inconveniente o riesgosa, los procesos que no son suficientemente verificados en su seguridad, la forma deficiente en que se monitorean las actividades, son también actos inseguros, pero en el nivel administrativo, y son acaso generadores de mayores consecuencias que las simples acciones u omisiones en la actuación de un operario.

Es por eso por lo que el "Síndrome del bombero" debe ser identificado, tratado, y en lo posible, erradicado, puesto que es un factor administrativo frecuentemente tolerado y hasta promocionado por la alta dirección, lo cual llevará eventualmente a una situación irreversible.

19-marzo-2014 / La Prensa

93. Auditoría de Cumplimiento Legal

En las empresas organizadas -ya sea por el desarrollo de sistemas de gestión de la calidad/seguridad o bien por el establecimiento de procesos de gerenciamiento competentes-, existe una actividad periódica que debe ser realizada en forma religiosa, siendo esta la verificación minuciosa de cumplimiento con los requerimientos legales establecidos.

También debe darse una comprobación efectiva periódica sobre aquellas regulaciones internacionales que se ha decidido cumplir en forma voluntaria, o sobre aquellos parámetros que, en el nivel de industria, la organización tenga que satisfacer para mantenerse en cumplimiento efectivo como miembro pleno y certificado de esas organizaciones empresariales supranacionales.

Es preciso señalar que en el tema de Seguridad Operacional (SO), y la eventual ausencia legislación específica en el país -específicamente para los límites de exposición a agentes químicos-, nuestra Ley 618 de Higiene y Seguridad del Trabajo, señala que se debe de tomar como referencia la *American Conference of Governmental Industrial Hygienists (ACGIH)*, quedando como improbable que ese ente regulatorio, que elabora referencias internacionales, no posea un parámetro aplicable al límite exposición que tiene su empresa en esa actividad específica, por lo cual, no se puede decir que por el hecho de no existir una regulación local su empresa no esté obligada a observar esa normativa internacional.

Es importante mencionar que la Auditoría de Cumplimiento Legal, circunscrita para efectos de esta columna a los tópicos de calidad, SO y medioambiente, debe ser conducida de forma periódica, deseablemente al menos una vez cada dos años, preferiblemente de forma independiente, y con una revisión intermedia para evaluar el cumplimiento efectivo —no tanto para evitar las multas, ya que eso podría ser accesorio—, sino por el hecho que de no cumplir se estaría infringiendo una normativa no solamente legal, sino ética —en mayúsculas— ya que el tema de SO tiene sus anclajes, o debería tenerlo si se presume de serio, en una sólida base moral que hace que esta sea un verdadero valor corporativo y no una cacareada prioridad más que se cumpla solo eventualmente para efectos de relaciones públicas.

Esta revisión es una de las herramientas más poderosas que puede usted tener para determinar necesidades de optimización de sus procesos, adaptándolos a los imperativos de ley o de aspectos regulatorios, la cual facilitará en gran medida la prevención de situaciones cuyo efecto puede exponer a su empresa no solamente a un alto costo monetario, sino también a la pérdida de credibilidad ante su propio personal y otras partes interesadas.

Las organizaciones que no poseen sistemas de gestión formales tienen que partir de la creación de una matriz de responsabilidades, cuando se trata de verificar el cumplimiento regulatorio. Aunque la gerencia general nunca puede transferir la responsabilidad, es fundamental elaborar un procedimiento escrito sobre cómo funcionará el sistema de identificación de la legislación actual que impacte directamente, o de regulaciones nuevas que puedan afectar al negocio, y, sobre todo, el plan de cumplimiento para aquellos aspectos aún por ser satisfechos, dimensionando cuáles son las recomendaciones y la inversión requerida.

Se deben establecer fechas específicas de cumplimiento, responsabilidades, indicadores de desempeño, ya que, de otra forma, sería una actividad banal más y sin resultados.

12-marzo-2014 / La Prensa

94. El reto de *OHSAS 18001*

En las empresas de alta confiabilidad operacional, y más típicamente las que manejan hidrocarburos, generación de energía, o bien, procesos industriales complejos y con posibilidad de eventos catastróficos mayores, tendrán que plantearse seriamente la adopción de este estándar internacional, para estar preparados integralmente en la prevención de situaciones cuyos eventuales costos totales son cada vez más caros.

La Seguridad Operacional (SO) al fin dejó de ser para algunos solamente un costo económico solventable, y pasó a convertirse en pocos años —con el advenimiento de legislaciones internacionales cada vez más estrictas y punitivas—, en un concepto de continua vigilancia, no solamente por el tiempo y costo que puede causar las consecuencias de un percance operacional, sino también por las implicaciones éticas que puede llevar a una organización a su quiebra económica, incluyendo una bancarrota moral, ya que la buena imagen pública es un activo intangible que también debe ser administrado adecuadamente.

Estas normas internacionales de gestión específica para la SO son verdaderamente una plataforma -que de ser adoptada seria y disciplinadamente-, proporcionará estructura, consistencia, seguimiento y mejora a los tópicos fundamentales de gestión operacional, minimizando el número de percances que pueden terminar en lesiones de cualquier severidad, incluyendo una fatalidad, pero más que todo aún, aquellos eventos que pueden tener enormes afectaciones para comunidades enteras y activos ambientales nacionales.

OHSAS 18001 provee un marco de trabajo que de ser administrado en forma efectiva, dotará a la organización de una mayor confiabilidad operativa a través de un menor tiempo perdido operacional, al lograr procesos mejor balanceados por medio de la identificación de causas raíces que originan la ocurrencia y recurrencia de los mal llamados "accidentes"; que no son más que la expresión de la ausencia de un gerenciamiento efectivo de los sistemas organizacionales, impactando el resultado final básico de una empresa, que es la generación de utilidades.

Además, esta norma internacional proporciona un proceso sistemático y adecuado para el cumplimiento regulatorio de nuestra propia legislación de Seguridad Operacional (Ley 618 y conexas, incluyendo las *Normas Técnicas Obligatorias Nicaragüenses NTON*, entre otras) así como las mejores prácticas operacionales internacionales aplicables al proceso productivo específico, lo cual demuestra un compromiso vivencial con los estándares legales y éticos que deben regir todo negocio que se respete.

El reto es fundamental, ya que, en las empresas con procesos productivos complejos, y que tengan ya implementados los sistemas de gestión de la calidad y ambiental *ISO 9001/14001*, seguramente experimentarán una necesidad de un sistema específico complementario para la gestión de Seguridad –vacío que ahora completa *OHSAS 18001*-, y no un híbrido tipo *Lego* que requiera armarse tediosamente con piezas de las dos normas ISO anteriormente citadas.

No se debe olvidar que por más malabares explicativos y de recursos de alineamiento, las normas *ISO 9001/14001* están orientadas —por diseño— hacia la calidad y gestión ambiental, las cuales no se deben forzar en su aplicación como sustitutas de un verdadero sistema de gestión de SO.

Por más que se diga ligeramente, la prevención de una pérdida catastrófica va más allá de un planteamiento general en términos de calidad y gestión ambiental, puesto que se requiere todo un sistema específico de prevención.

5-marzo-2014 / La Prensa

95. Procedimientos de Emergencia

La reciente y aún actual emergencia por sismos, pone en perspectiva otra vez, la urgente necesidad de que las empresas cumplan sin excusas con la legislación específica de los programas de capacitación en materia de evacuación de instalaciones, entre otros requerimientos de la *Ley 618 de Higiene y Seguridad en el Trabajo*, garantizando tener desarrollado un plan adecuado y práctico, no solo para sus trabajadores, sino también para el público que visita sus instalaciones, ya que quiérase o no, hay una responsabilidad ineludible e intransferible sobre cómo gestionar una emergencia de este tipo, para todas las partes interesadas con la actividad de la empresa, incluyendo los clientes y los visitantes.

No es posible que en ciertas empresas se piense irresponsablemente en el *"¡Sálvese quien pueda!"* como una consigna única para cualquier emergencia. La *Ley 618* señala como una infracción grave el hecho de no cumplir con el desarrollo y con el ejercicio periódico de estos planes de evacuación.

Es fundamental preguntarse cuántos negocios consideran verdaderamente dentro de sus planes al público visitante, sobre todo, aquellos centros que por el volumen de personas que albergan en determinados momentos, hace que sea necesario y obligatorio no solo un plan bien dotado de recursos, sino que el personal propio sea capaz de dirigir y de liderar la ejecución del plan de respuesta para con los clientes.

Hay que evitar que los visitantes o el público en general sean víctimas del manejo inadecuado de una emergencia. La persona que no labora en dicho centro debe saber lo que hay que hacer en forma controlada, y no solo dejarle a su cuenta y riesgo correr sin dirección o sentido, causándose así mucho más lesiones y muertes por el caos e histeria generalizados.

Algunas preguntas que deberían plantearse las administraciones de estos negocios son las siguientes: ¿Existen suficientes indicaciones para el público sobre el qué hacer en caso de un sismo o de otra emergencia? ¿Están las rutas de evacuación señalizadas en forma muy visible? ¿Las puertas de emergencia no están bloqueadas como ocurre muchas veces en ciertos comercios, bajo el argumento de que es para prevenir el robo? ¿Está disponible un sistema de sonido para toda la instalación, con el cual se puedan darse instrucciones sobre mantener la calma y guiar a los clientes y visitantes hacia las zonas de seguridad? ¿Hay bloqueadores maestros de corriente eléctrica en caso de un evento sísmico que prevenga un incendio posterior?

Por último, ¿se ha realizado un análisis de riesgo sobre las zonas en donde puede haber más peligro (cables eléctricos, estructuras que puedan derrumbarse, etc.) para evitar que el público transite en sus cercanías? Y, por último, ¿el personal a cargo de la emergencia ha sido entrenado y es competente?

25-abril-2014 / El Nuevo Diario

□

96. ¿Vamos bien?

Es fundamental plantearnos las preguntas correctas cuando se trata de evaluar resultados en Seguridad Operacional (SO). En una empresa el no haber tenido accidentes en un período dado pudiera ser únicamente casualidad, a menos que estemos monitoreando y evaluando conscientemente las acciones e iniciativas de mejora siendo puestas en práctica. La ausencia de accidentes en forma temporal no implica necesariamente una gestión correcta, por lo que es imprescindible plantearse algunas preguntas de ubicación como las siguientes:

Sistema de evaluación de desempeño:

- ¿Premia ganancias o ahorros a corto plazo para promover a los individuos?

- ¿La SO es frecuentemente puesta como secundaria por perseguir resultados comerciales?

- ¿Está orientado o sesgado hacia la continua reducción de costos?

- ¿Existe un componente de SO en la casilla de evaluación de desempeño del personal? ¿Se aplica o solamente es una referencia para marcar?

- ¿Se han establecido precedentes de promociones o ascensos de personal sin tomar en cuenta los méritos en el área de SO?

- ¿Existen precedentes disciplinarios por violaciones a las normas de SO?

- ¿Existe un proceso de rendición de cuentas ante acciones u omisiones de procedimientos y políticas con base en las investigaciones de accidentes?

Sistema de liderazgo:

- ¿El tiempo dedicado por los líderes organizacionales —gerencia general y gerencias funcionales— cubre mayoritariamente tópicos de producción, pero muy poco de seguridad, o hace un balance para la integración entre ambos?

- ¿Promueve el liderazgo mayor de la empresa la SO solamente en forma verbal, o con acciones visibles que sirven para modelar positivamente la conducta de todo el personal?

- ¿Participa el liderazgo mayor de la organización visible y enteramente en las capacitaciones y reuniones relacionadas con la SO y medioambiente?

- ¿El personal de cualquier nivel puede detener un trabajo en el campo si hay un peligro inminente de un percance?

Sistema de comunicaciones:

- ¿Se orienta solamente a tópicos relacionados con la producción?

- ¿Se maneja la SO como un tema secundario o fundamental en el día a día?

- ¿Se despliega información para todo el personal sobre los objetivos y metas de seguridad?

- ¿Se brinda información sobre la calidad de las herramientas de identificación y control de peligros, tales como *Análisis de Trabajo Seguro*, *Permisos de Trabajo*, observaciones programadas, inspecciones, auditorías, entre otras?

- ¿Se estimula y reconoce las acciones proactivas del personal para solucionar problemas operacionales que pongan en riesgo la integridad física de alguna persona o de los equipos y procesos?

- ¿Se promueve un ambiente de aprendizaje y cuestionamiento positivo ante las situaciones de SO que requieren ser mejoradas?

Una vez que se tengan las respuestas a estas preguntas, podemos entonces saber si la organización dispone o no de medidas proactivas y adecuadas para promover o no una cultura de seguridad positiva.

Es preciso promover el debate hacia lo interno de la empresa sobre el verdadero lugar que ocupa la SO, definiendo si esta es un verdadero valor corporativo, o bien, una prioridad eventual más.

23-abril-2014 / La Prensa

97. Sismos y consejos de protección

Existe siempre un ancestral temor de este tipo de fenómeno natural, el cual es parte integral de nuestra condición existencial en este territorio inserto en el medio del Cinturón de Fuego del Pacífico, llamado así por su faja de numerosos volcanes.

En este momento que numerosas personas huyen y buscan protección ante un eventual sismo destructor, es importante plantearse algunas verdades comprobadas por los expertos internacionales sobre el tema, para que el pánico no tenga prioridad sobre el sentido común y que no nos impida pensar con claridad.

Hay dos verdades universales en este respecto: Primera, que nadie, -pero nadie-, ha podido todavía predecir un terremoto con exactitud. San Francisco todavía está esperando "el grande" desde el devastador sismo de 1906.

Segunda, que, aunque provoquen pánico las reiteradas sacudidas; si estas se mantienen, es señal de liberación de energía, lo cual disminuirá la acumulación de esta haciendo que la probabilidad de un sismo devastador sea menor, aunque no improbable.

Plantéese que estos fenómenos son inevitables; al alarmarse, lo único que hace usted es estresarse y proyectar un mensaje de intranquilidad y zozobra a sus hijos. Trate de ver el fenómeno con naturalidad, ya que usted debe asumir una actitud y procure que esta sea de calma y control. Si usted cae presa del pánico provocará que sus energías se agoten y se provoque un bloqueo mental.

Según Doug Copp, jefe del Equipo de Rescate Norteamericano Internacional (ARTI), estos son algunos consejos útiles:

1. Prepárese razonablemente. Mantenga reservas de agua suficientes y aliste algunos alimentos enlatados como una reserva estratégica. No deje de tener a su lado un radio de baterías y dos linternas con pilas de repuesto.

2. Tenga un plan predefinido con su familia o con su personal. Ensáyelo varias veces, la clave de los resultados está en que todos sigan el plan. Maneje un lugar de reunión que todos lo conozcan y sepan perfectamente su vía de acceso.

3. Si usted está en un edificio de más de una planta, lo peor que puede usted hacer es tratar de usar las escaleras.

4. Según Copp, cuando una estructura colapsa el techo cae sobre los muebles y objetos comprimiéndolos, pero siempre se forman dos espacios al lado de ellos; este es el llamado *"Triángulo de Vida"*, el sitio en donde puede guarecerse un ser humano en posición fetal. El principio lógico detrás de esto es que entre más pesado y fuerte el objeto que sufre un impacto directo, menos se va a compactar, por lo cual hay que buscar esos lugares al lado de este, y no directamente debajo de esos objetos pesados. Esta recomendación contradice lo que con facilismo e ingenuidad se divulgado tradicionalmente, que usted debe posicionarse directamente debajo de un objeto pesado, lo cual se ha comprobado con estudios de fatalidades, que es más bien hartamente contraproducente.

5. Prosigue Copp que si usted está en su cama y un terremoto ocurre, sin que pueda usted tener salida a un sitio despejado, usted puede rodar y posicionarse al lado de esta, donde tendrá la protección de este llamado triángulo de vida.

6. Las construcciones de madera son las más seguras, debido a que se mueven flexiblemente.

Puede ver y bajar el informe completo de Doug Copp directamente de nuestro blog: cambiocultural.blog

15-abril-2014 / La Prensa

98. Rituales absurdos

En uno de aquellos días, a las 8.30 a.m., llegó a buscarme a la oficina el gerente de ventas, quien preocupado reportaba que un cable, o más bien, un conjunto de cables unidos había amanecido muy bajo, como caído, tal vez debido a su peso excesivo. El problema es que dicho cable colgaba en la zona de acceso de vehículos al cargadero de la planta, en donde circulaban frecuentemente camiones cisterna con productos hidrocarburos.

Fuimos a buscar al encargado, o como se le llamaba, al *"dueño"*, ya que esa era la práctica administrativa en donde las funciones y áreas de control tenían un *propietario(a) ficcional*, según fuese; se hablaba de *"mis camiones"*, *"tu bodega"*, etc.

Resulta que la persona a cargo no estaba en la planta, ya que su horario de llegada era impredecible, ya que por su nivel gerencial él ya se encontraba más allá de los terrenales horarios de llegada a las 8.00 a.m. a la oficina, por lo cual no se pudo encontrar a alguien quien pudiera girar la instructiva de corregir esa peligrosa situación.

La situación era un percance solamente esperando ocurrir. Nadie tampoco quiso dar una orden por la que después *"el dueño"* fuera a reclamar que habían pasado sobre su sacrosanta autoridad.

Al no encontrar a nadie quien resolviera el problema, no tuvimos más remedio que ir a la oficina del gerente general, quien tampoco en ese momento estaba disponible, solamente su seria y adusta asistente, una persona quien a veces también pretendía fungir como gerente general. Así era esa empresa en sus atributos y artefactos de autoridad.

El caso fue que de ninguna manera se pudo comunicar con dicho ejecutivo, pero su asistente concedió –como gran concesión- avisar apenas él se hiciera presente para recibir el mensaje. No obstante, su seca e impersonal atención, dijo –casi que con molesta resignación- que ella haría algo para contribuir a resolver esa situación.

Al regresar a mi oficina diez minutos después, ya encontré en mi bandeja de correo un nuevo mensaje de ella, en el que ahora me prevenía, o mejor dicho, más bien me advertía —así de simple—, de no saltarme los procedimientos establecidos: "Le pido por favor que pueda darle curso a dicha situación inminente diligenciando uno de los formatos mencionados de *Situación Insegura*, para que esa solicitud se introduzca al sistema y así se cumplan los procedimientos establecidos, manteniendo el orden en las actividades y debido flujo de los reportes y tiempos establecidos de respuesta. Es importante que usted tenga en cuenta la observancia de estos procedimientos específicos para estos casos".

No había acabado yo de abrir esta ridícula nota, cuando sonó mi teléfono de escritorio. Ahora era el gerente de ventas, quien me avisaba que acababa de acontecer un incidente con dos personas lesionadas, las cuales estaban esperando ayuda para ser transportadas hacia una *clínica aliada*, la cual estaba un poco retirada de la facilidad, pero era el único lugar autorizado al que podían llevarse los lesionados -ya que si los transportaban a un hospital público o a cualquier otro centro médico-, entonces existía el riesgo que les prescribieran a los lesionados días de subsidio, es decir, días fuera del trabajo, lo cual echaría a perder la venerada y temida *meta de seguridad*, siendo esto algo impensable en el imaginario de las gerencias de la empresa.

El percance ocurrido había sido algo anunciado suficientemente con mucha antelación. Un *pickup* entrando a la planta, la cual llevaba en su parte trasera un *serafín*, (equipo de calibración) el cual iba a su vez sobre un pedestal, insertado en el medio de cajas de materiales diversos. En la parte de abajo del *serafín* viajaban dos contratistas, sentados y viendo hacia atrás del vehículo y supuestamente haciendo contrapeso y presión para garantizar la estabilidad de la carga. Al pasar por el sitio del cable bajo, este hizo contacto con la parte alta del *serafín*, moviéndole violentamente y desplomándose al suelo del vehículo, golpeando gravemente a los dos operarios, los cuales fueron levantados del suelo por otros contratistas.

9-abril-2014 / La Prensa

☐

99. Mega incendio en mercado de Guatemala, lecciones

El 25 de marzo será un día imborrable en la memoria de los comerciantes del Mercado 'La Terminal', el cual se reputaba de ser el más grande y populoso centro de compras en Centroamérica, no solamente por su extensión, sino por la cantidad diaria de visitantes.

Siendo ya una crónica de un suceso esperado, sufre ya su cuarto incendio desde su inauguración en 1950; este deja ahora como saldo un total de pérdidas de 90 millones de dólares, 50% de los comercios destruidos, 6 mil damnificados y la vergüenza de las autoridades, no solo por no haber podido hacer nada por prevenirlo, sino que la tragedia retó y dejó en ridículo a los entes de respuesta, ya que fue preciso pedir refuerzos de bomberos de Honduras, quienes se unieron a lo largo de la jornada de 9 horas que tomó controlarlo, tras más de 2 millones de litros de agua utilizados.

La ocurrencia del suceso fue todo, menos inesperada. Un cortocircuito a las 2:30 a.m. –con los demás factores de causación alineados-, permitió un dominó gigante, dando vía libre a la tragedia.

La falta de respuesta inmediata aunada a la escasez de agua en los hidrantes, fueron factores determinantes para que el fuego escalara incontrolablemente. Al igual que ocurre en Nicaragua, muchos hidrantes eran únicamente elementos de ornato, no solamente sin agua y presión suficiente, sino que, a pesar de estar aparentemente instalados, físicamente no tenían conexión alguna a las líneas de agua; otros hidrantes habían sido ya absorbidos y destruidos por los propietarios de los tramos.

La inveterada ausencia de control en las conexiones ilegales, que como telarañas eléctricas se entreveraban en muchos comercios, hizo que la catástrofe fuera no solo una profecía sino una fiel promesa del futuro. Se especula que fueron estos acoplamientos ilegales, así como el uso de baratas regletas sobrecargadas, las que pudieron haber iniciado la deflagración.

Existiendo un paralelismo en la línea de eventos entre ese centro de compras y nuestro Mercado Oriental, es preciso que las autoridades puedan valorar estas lecciones que son un reflejo de lo que nos puede acontecer, pronta e inexorablemente, si no se procede a imponer una administración agresiva de las inspecciones y acciones correctivas para disminuir la probabilidad de una tragedia similar.

No es inusual que existan en diversos puntos de la capital —ocurre hoy especialmente en urbanizaciones de mala calidad—, hidrantes que solamente están sembrados para fingir cumplimiento, aunque su utilidad sea nula por la ausencia de líquido o presión o su no-conexión física a las líneas de agua.

La rigurosa programación de simulacros debería ser también una oportunidad continua para calibrar nuestras verdaderas capacidades de respuesta, siempre sobrestimadas por naturaleza humana, reacia a aceptar la realidad.

4-abril-2014 / El Nuevo Diario

100. El accidente de la refinería de Amuay

Cuando ocurre un accidente siempre existe la oportunidad de aprender lecciones, mucho más con este desastre industrial que costó la vida de más de 40 personas e incontables daños materiales, en la localidad de Punto Fijo, Estado Falcón, Venezuela, afectando un área de 19 km cuadrados. Este evento está calificado hoy como el desastre petrolero más grande de ese país en los últimos 80 años, así como uno de los principales a nivel mundial, solamente superado en número de muertos por la plataforma *Piper Alpha*, en el Mar del Norte, en 1988.

Lejos de darle un tinte político o criticar las circunstancias de ese lamentable siniestro, pretendo poner en perspectiva algunos hechos para que las empresas de Nicaragua -principalmente las que manejan hidrocarburos en su proceso productivo-, puedan tomar acciones preventivas para evitar una tragedia a cualquier escala.

La catástrofe ha sido un evento que nos retrotrae el título de la novela del *Gabo*, *Crónica de una muerte anunciada*, puesto que la percepción —aunque se pretenda obviar- termina, invariablemente, sustituyendo completamente a la realidad.

En este caso, la apreciación revelada por medio de diferentes observadores calificados, es que *PDVSA* ha venido obviando el acatamiento de los aspectos básicos de Seguridad Operacional, debido principalmente, a factores de índole política —o politiquera-, divorciados totalmente de la realidad de una industria inherentemente riesgosa, la cual requiere de reinversión continua de utilidades, de procesos estrictos de selección y capacitación permanente de personal del más alto nivel técnico, así como del mantenimiento y adquisición de tecnología de punta en un sector, en el cual, no es solamente suficiente tener el dinero necesario, sino también las relaciones estratégicas internacionales para acceder a estas tecnologías.

La larga cadena de accidentes de *PDVSA* en la última década - empresa otrora reconocida no solamente por la altísima calidad técnica de sus cuadros, sino también por lo estricto de sus prácticas de Seguridad Operacional-, viene ahora a dejar en harapos a las argumentaciones de sus locuaces directivos sobre las supuestas motivaciones ideológicas de quienes critican su incumplimiento y desprecio por las prácticas internacionales preventivas, a quienes ellos etiquetan de inmediato como *enemigos de la revolución*.

Para las personas que aun estimen como justa la posición de los corifeos del régimen venezolano, bastará ver el vínculo http://es.scribd.com/doc/104243267/Informe-Amuay en donde en marzo de 2012 fue conducida una *Evaluación y Actualización de Riesgos* (*Risk Improvement Recommendations Update Report*) para esa refinería en específico (*Centro de Refinación Paraguaná*) por una prestigiada firma londinense de ingeniería petrolera *QBE*, cuyo monitoreo y seguimiento de las recomendaciones pendientes de cumplimiento, dejan jugando con *bola de calcetín* a sus exaltados y parlanchines ejecutivos, reporte en donde —solamente a manera de abrebocas-, se señala que en 2011 hubo 222 accidentes, de los cuales 100 fueron fuegos declarados.

Este es un documento estrictamente técnico, de un estudio solicitado por la misma *PDVSA* como asesoría para poder verse realmente al espejo. La precisión de sus señalamientos técnicos y culturales fue quirúrgica.

No menos reveladoras fueron las conclusiones del sumario ejecutivo de este informe, en donde se consigna que las paradas mayores de mantenimiento (*turnarounds*) han sufrido atrasos de uno o dos años, amparadas en torcidas *"Evaluaciones Técnicas Operativas"* (página 3, párrafo 3 del reporte), las cuales no son más que acomodadas justificaciones y pirotécnicas verbales del porqué se elige no hacer nada; redimensionar o subestimar el riesgo antojadizamente para no invertir, lo cual es también una decisión consciente cuya negligencia e irresponsabilidad tuvo las hoy fatídicas consecuencias.

Adiciona dicho estudio técnico independiente que el mantenimiento rutinario sufrió también una baja sensible desde 2009 –cuyos efectos se seguían sintiendo a la fecha del reporte-, marcados principalmente por una mayor proporción de mantenimientos correctivos a preventivos (página 3, párrafo 4 del informe), siendo más bien lo correcto, la relación inversa, y por práctica estándar, lo cual es el fundamento de la Confiabilidad Operativa Mecánica de la industria petrolera, hipersensible ante estas omisiones deliberadas.

Al margen de las obvias consideraciones técnicas argumentables, es preciso mencionar que, en Seguridad Operacional, una de las recetas más efectivas para el desastre, es la ausencia de un proceso administrativo estricto de rendición de cuentas. Al no haber consecuencias por los accidentes originados en la negligencia y abandono de prevención efectiva- en donde los manuales de operación y los estudios técnicos servían nada más que para una referencia anecdótica-, no es de extrañar que aconteciera un evento como el que ocurrió, se haya presentado al fin. Lo que causa sorpresa y estupor es que este no hubiese ocurrido mucho antes.

En el momento en que una empresa desatiende el mantenimiento preventivo –que hoy en industrias de alta confiabilidad operativa está siendo reemplazado por el mantenimiento predictivo-, esta empieza a jugar conscientemente a los dados con la vida del personal y del público.

Cuando el sistema de promociones y ascensos obvia y desprecia el conocimiento técnico, y el único mecanismo visible de escalamiento organizacional es el favor –personal o político basado en la obediencia sectaria y el servilismo-, entonces se le concede carta de ciudadanía y vía libre a la anarquía y la impunidad, a la *normalización de las desviaciones* y errores operativos, puesto que al ser los cargos, estrafalarios nombramientos políticos, la responsabilidad de las consecuencias recae también en la mismas autoridades políticas, responsable directa por hacer la designación fallida de los cuadros para dirigir la empresa.

Las lecciones saltan hoy a la vista con más de 40 personas muertas y desparecidas, así como miles de millones de dólares en pérdidas materiales inmediatas en las operaciones de limpieza y reconstrucción.

Para aquellos que piensan ingenuamente en pólizas de seguro como un recurso ante la negligencia, la irresponsabilidad y al exceso de confianza, es necesario recordarles que, hasta hoy, ninguna póliza de seguro ha resucitado jamás a un ser humano, es por eso por lo que las empresas deben tomar como medida de prevención efectiva el deber de reinvertir continuamente en tecnología adecuada y equiparada al riesgo de la operación que se maneja.

Una empresa conlleva dos dimensiones -como una moneda tiene cada cara-, que por un lado, genere utilidades que premien y recompensen su eficiencia operacional; pero por el otro, que los riesgos que genere su actividad deben ser prevenidos y mitigados desde el origen con esas mismas utilidades económicas, y no despilfarrar esos recursos en dádivas o en caprichos que alteran gravemente el esquema de exposición de riesgo inherentes a su proceso productivo, lo cual hace que la vulnerabilidad operativa se incremente exponencialmente, con las trágicas consecuencias ya enumeradas.

Se debe dejar en claro, que si una empresa no se rige por *Reglas Cardinales de Seguridad* -que deben ser cumplidas siempre bajo consecuencias administrativas terminantes y que no hay objetivo de negocios que pueda jamás obviarlas-, tarde o temprano su horizonte de sucesos pasará necesariamente por un accidente de consecuencias impredecibles.

Cuando el gerente de esa refinería, el señor Jesús Luongo -ignoro si por ventura será ingeniero- compareció de rojo riguroso ante un programa de propaganda de la TV venezolana, su copiosa gesticulación y afirmaciones *orwellianas* sobre la tragedia, habrían hecho palidecer de envidia al propio *Cantinflas* -sus capacidades histriónicas son irreprochables, es definitivamente un consumado actor-, puesto que para él, lo ocurrido, no fue nada; que todo ha sido parte de un complot organizado milimétricamente para desprestigiar a *PDVSA* y a la Revolución Bolivariana, "cuyos valores e ideales son humanitarios", y que "los maliciosos señalamientos sobre negligencia e irresponsabilidad obedecen a una comparsa de los enemigos de siempre de la *Patria Grande*".

No se sabe si en su alocada diatriba se refería también a los propios ingleses que le realizaron la evaluación de riesgos, encargada por él mismo para su propia refinería.

Acaso la respuesta a esta inquietud puede ser especulativa, pero lo que sí es cierto es que el *compañero* Luongo disfruta de un gustoso Alzheimer, o bien, se deleita a lo grande en un rojo trastorno bipolar.

8-septiembre-2012 / La Prensa

www.ingramcontent.com/pod-product-compliance
Lightning Source LLC
Chambersburg PA
CBHW021350210526
45463CB00001B/46